Arriscamos dizer que o motivo que o levou a escolher este livro é o mesmo que nos fez começar esta história: o desejo de construir algo relevante por meio do nosso trabalho, das nossas habilidades e dos nossos sonhos. A expressão FoMO (Fear of Missing Out), ou seja, o medo de perder oportunidades, provavelmente é a melhor definição para o momento em que vivemos, tomados pela ansiedade latente de se ver em um mundo no qual os gigantes podem ser derrubados a qualquer momento. Estamos rodeados de incertezas e com a urgência de mudar de patamar, ou então, ficaremos fora do jogo.

Se pudéssemos dar apenas um conselho a você, seria esse: use o medo de ficar de fora como um lembrete diário de que precisa mergulhar na Nova Economia e buscar a inovação com resultados constantemente. Se os negócios muitas vezes são vistos como uma selva, você é caça ou caçador. Não existe meio-termo. O pensamento executivo caiu por terra e juntar-se ao movimento dos Empreendedores não só é possível para qualquer profissional, mas é urgente.

Nós tivemos que virar a chave, afinal, o mundo mudou e, para sobreviver, todos precisamos mudar a maneira de gerir os nossos negócios. E este é o ponto principal para que as próximas páginas valham a pena: esteja pronto para deixar para trás os pesos que estão travando a sua velocidade e dar ao seu negócio os talentos e as ferramentas que vão desafiá-lo, mas com certeza trarão resultados com potencial de escala muito maiores do que tem experimentado até agora.

Quem quer liderar o presente e o futuro dos negócios precisa de uma dose de rebeldia. É assim que revolucionamos o mercado e encontramos os melhores sócios para dar os passos que nos levarão cada vez mais longe. Se isso é o que você está buscando, nossa proposta está em suas mãos: o maior risco é não arriscar.

Eduardo Glitz, Marcelo Maisonnave e Pedro Englert

EDUARDO GLITZ,
MARCELO MAISONNAVE
E PEDRO ENGLERT

EMPREENDEDORES

AGILIDADE, RESULTADOS, CULTURA DE DONO E UM NEGÓCIO CAPAZ DE REVOLUCIONAR O MERCADO

Diretora
Rosely Boschini

Gerente Editorial
Carolina Rocha

Editora Assistente
Franciane Batagin Ribeiro

Controle de Produção
Fábio Esteves

Projeto Gráfico
Anderson Junqueira

Diagramação
Vivian Oliveira

Capa
Vanessa Lima

Foto de capa
Victor Affaro

Coordenação de conteúdo
Darcio Oliveira

Preparação
Laura Folgueira

Revisão
Andréa Bruno

Impressão
Geográfica

Copyright © 2019 by Eduardo Glitz, Marcelo Maisonnave e Pedro Englert
Todos os direitos desta edição são reservados à Editora Gente.
Rua Wisard, 305, sala 53,
São Paulo, SP – CEP 05434-080
Telefone: (11) 3670-2500
Site: www.editoragente.com.br
E-mail: gente@editoragente.com.br

Dados Internacionais de Catalogação na Publicação (CIP)
Angélica Ilacqua CRB-8/7057

Glitz, Eduardo
    Empreendedores / Eduardo Glitz, Marcelo Maisonnave, Pedro Englert. - São Paulo: Editora Gente, 2019.
    240 p.

    ISBN 978-85-452-0331-5

    1. Empreendedorismo 2. Administração de empresas 3. Sucesso nos negócios I. Título II. Maisonnave, Marcelo III. Englert, Pedro

19-1304   CDD 658.421

Índice para catálogo sistemático
1. Empreendedorismo

Diariamente somos questionados por executivos, empreendedores, estudantes e amigos sobre a forma de gestão que adotamos em nossas empresas. Onde acertamos e também onde erramos? Como decidimos? Como envolvemos as pessoas? Como nos mantemos competitivos? Como crescemos? Muitas vezes, com uma conversa de alguns minutos notamos que abrimos a cabeça da pessoa e, na grande maioria, mudamos o rumo daquele negócio com alguns questionamentos simples. Entendemos, então, que através deste livro poderíamos ajudar muitas outras pessoas do nosso país, pois o que iremos falar aqui aplica-se tanto para a menor das empresas quanto para as gigantes. Esperamos assim devolver à nossa sociedade um pouco de tantas oportunidades que ela já nos deu.

SUMÁRIO

PREFÁCIO 11
UMA CARTA PARA VOCÊ 15
INTRODUÇÃO. O FUTURO? QUAL DELES? 20

1. AS SEGUNDAS-FEIRAS VOLTARAM A SER BOAS ...34
2. PIZZA SIZE, GARAGEM E PROPÓSITO
   (RECONSTRUINDO O MINDSET)..............................56
3. NASCEM OS "STARTERS" 74
4. SOBRE RUPTURA, CULTURA E PROPÓSITO........... 84
5. COMO DETECTAR E (TENTAR)
   DESTRAVAR ARMADILHAS 98
6. OBRIGADO, CHARLES! 116
7. A PERGUNTA DO EMPREENDEDOR É:
   "POR QUE NÃO?" 138
8. A REGRA É CLARA: SEM CULTURA,
   NADA FEITO 164
9. LUCRO E FÔLEGO... 174
10. VOCÊ DECIDE
    (TOTALITARISMO X DEMOCRACIA)...................... 192
11. START-SE...204
12. REVENDO AS FRONTEIRAS
    ENTRE MERCADOS 212

EPÍLOGO: SOBRE CONHECIMENTO,
TRANSFORMAÇÃO E DIVERSÃO 224
UM PRESENTE DA STARTESE PARA VOCÊ 234
REFERÊNCIAS BIBLIOGRÁFICAS..................................236

Queremos agradecer a todos os nossos sócios e equipes. Todos os dias aprendemos um pouco com cada um. As experiências compartilhadas neste livro vieram do nosso convívio diário, dos debates animados, das lições aprendidas e da alegria das metas batidas. Obrigado por estarem conosco.

Gostaríamos de agradecer, também, ao Darcio Oliveira, pela coordenação de conteúdo, entrevistas e por todo o apoio durante o projeto. Graças a ele a realização deste livro foi possível!

PREFÁCIO

É senso comum que ideias, sem execução, não valem muita coisa. Principalmente na Nova Economia, em que a velocidade é algo fundamental para se manter a competitividade, executar rápido se tornou primordial.

Porém, a execução sem direção não leva a grandes resultados. É preciso um modelo de gestão que consiga entregar liberdade para a execução criativa, mas que, ao mesmo tempo, gere informações claras para tomadas de decisão igualmente rápidas.

Quando comecei a StartSe, em 2015, junto com o João Evaristo, no interior de Minas Gerais, sabíamos que tínhamos uma boa ideia e que éramos capazes de executá-la com velocidade. Mas para fazer o que era preciso, muitas vezes deixávamos de fazer o que era realmente necessário. E isso muda tudo.

Era claro que nos faltava organização. Porém, nossas habilidades eram outras e desenvolvê-las naquele momento nos tiraria do foco principal: manter o negócio da StartSe em pé. Foi aí que conhecemos um trio que mudaria a nossa história.

Pedro, Glitz e Marcelo. Nessa ordem, conhecemos um a um. E cada um deles preencheu uma lacuna da estrutura da StartSe. Até então, eu cuidava das vendas e da criação de produtos (faço isso até hoje!) e o João era o cara da tecnologia. Habilidades complementares, mas que precisam de mais complementos.

Pedro trouxe uma capacidade incrível de gestão. Nunca vi alguém ser tão habilidoso com as pessoas quanto ele. Me lembro, como se fosse hoje, de uma reunião que tivemos – Pedro, Marcelo, João e eu – para decidir várias coisas. Foi nesse dia que escolhemos o Pedro para ser nosso CEO, posição que ocupa até hoje.

Pouquíssimas pessoas no Brasil têm uma visão tão clara sobre a evolução dos negócios quanto o Pedro. E não, ele não é especialista em um monte de coisas. Ele simplesmente entendeu o sentido da mudança e capturou a essência da Nova Economia. E criou, em cima disso, um modelo de gestão que fez a StartSe crescer de forma absurda nos últimos quatro anos, atingindo um *valuation* de aproximadamente 500 milhões de reais.

Conhecer o Pedro nos levou a conhecer o Glitz. E aqui faço uma pausa para falar sobre o poder do networking e das conexões. Se você quer construir coisas grandes e provocar mudanças relevantes, precisa estar próximo das pessoas que fazem isso.

O Eduardo Glitz é o complemento do Pedro. Seu apetite para o risco é algo assustador, no bom sentido. E arriscar-se, experimentar o novo e expor-se a novas experiencias é algo fundamental nos dias de hoje. Se você busca resultados diferentes, faça coisas diferentes. Essa poderia ser a frase que define o Glitz.

Eu tenho muita admiração pelas pessoas que pensam grande, que não colocam limites nas suas capacidades. E o Glitz, desde o início, acredita que podemos construir uma empresa grande e sólida. E acredita no impacto que podemos causar nas pessoas e empresas.

Pedro e Glitz me levaram até ao Marcelo. E foi em uma conversa de quase um dia inteiro que cheguei à conclusão que mais tarde virou um artigo chamado "A Teoria do Everest". Das pessoas que tentam subir o Everest, a maioria desiste, muitas morrem e poucas chegam lá. Mas das pessoas que chegam, a grande maioria retorna outras vezes. Elas já sabem o caminho, conhecem os desafios e sabem como superá-los. O Marcelo é um dos maiores "alpinistas" desse país e, obviamente, eu poderia aprender muito com ele.

E desde então, quando nos reunimos todos, formamos um grande time, liderados pelo Pedro, que tem sido capaz de fazer coisas muito relevantes baseadas em um modelo de gestão que nós costumamos chamar de "motor do crescimento". Além das questões técnicas que serão apresentadas neste livro, esse modelo é pautado em princípios como liberdade, respeito e meritocracia.

A StartSe é um laboratório de experimentos, em que testamos tudo primeiro antes de levar educação, informação e conexões para nossos clientes. E o modelo de gestão que você passará a conhecer a partir de agora, vem sendo testado diariamente na empresa.

Eu não tenho dúvidas de que muito do que conquistamos vem da capacidade de gestão e liderança do Pedro, do apetite ao risco do Glitz e da experiência vitoriosa do Marcelo.

Uma ideia sem execução não é nada. E execução sem gestão, é voo de galinha.

Júnior Borneli
Fundador da StartSe

UMA CARTA PARA VOCÊ

Olá amigo!

Você sabe que eu te admiro demais! Tudo que você fez e conquistou é um exemplo para muita gente.

Mas eu te escrevo pois preciso dividir umas ideias diferentes contigo. Eu nunca me perdoaria se não tentasse te contar o que estou descobrindo.

Eu sei que estou vivendo muito dentro destas empresas, negócios e ecossistemas meio malucos e que ninguém entende direito. Confesso que este *mindset* aqui do Vale do Silício me pegou. Aqui não é um lugar perfeito não, mas o que este pessoal fez aqui na última década impactou a vida do mundo inteiro. Com humildade comecei a entender como eles pensam e fazem as coisas. Foi duro! Tive que começar desaprendendo e desconstruindo algumas verdades absolutas que eu tinha.

Até os chineses vieram aprender a empreender e inovar aqui. Alguns sugerem que certas coisas que eles copiaram ficaram melhores que as originais. Essas novas empresas chinesas, as da nova China, são assustadoramente incríveis. Para você ter uma ideia, as duas maiores empresas chinesas atualmente, Alibaba e Tencent, têm apenas 21 e 22 anos de vida.

E nem vou comentar o que tenho descoberto em Israel.

A gente sempre gostou de estudar. Mas não sei se você sabe que, de 2010 a 2016, as aplicações para MBAs de 2 anos full-time nos EUA aparentemente caíram mais de 30%. Uma razão óbvia deve ser o alto custo, mas eu desconfio que a razão principal é que as pessoas estão procurando entender e aprender novas formas de criar e gerir negócios, e esse conhecimento não está nos velhos oráculos.

Eu acho que as transformações são tantas e tão rápidas que quem não perceber e agir rápido não vai passar pela tempestade. Quem não entender e não conseguir entender este novo Zeitgeist, vai sofrer muito.

Não se trata de uma ameaça leviana e barata. Esta é apenas a nova norma da economia acelerada, na qual a alta incerteza (= baixa previsibilidade) faz com que o atual arsenal de modelos e técnicas de gestão que usamos se pareçam com tacapes numa guerra contra drones com mira a laser.

Eu fico impressionado com a quantidade de empresas admiráveis que estão sucumbindo. Muitas empresas com diretorias de alto nível, conselheiros extremamente experientes, marcas tradicionais, excelência em boas práticas de gestão, *market share* invejável, faturamento robusto... estão silenciosamente ruindo.

Lembro do famoso diálogo do livro do Ernest Hemingway, *The Sun Also Rises*, de 1962:

— How did you go bankrupt? [Como foi que você faliu?]

— Two ways: Gradually then suddenly. [Dois jeitos: gradual, depois, bruscamente.]

Parece que é isso que vai acontecer com muitas empresas. Elas sentem que algo está ficando diferente, mas a mudança parece tão pequenina (*gradual*) que não merece atenção. Então, repentinamente (*suddenly*) a coisa simplesmente para de funcionar. E não tem mais conserto.

Eu tento reaprender recordando as várias crenças e premissas da gestão que fui aprendendo ao longo da vida, para confrontá-las com as minhas novas descobertas:

Investimento bom era em ativos sólidos.

* Então descubro esse diferente *mindset* de *venture capital*, e por que alguns apostam nesses *valuations* inimagináveis de startups que nunca deram lucro.

KPIs eram para deixar tudo claro e transparente.
* Então descubro que preciso lidar com esse antagonismo entre liberdade e controle, e que cargos formais e metas estabelecidas podem ser uma faca de dois gumes. Sem falar que as pessoas se tornaram especialistas em "como se enganar com números".

Time era para focar em produtividade e eficiência.
* Então descubro que preciso ser tão bom em *General Management* (a gestão tradicional da empresa estabelecida, que prioriza a conformidade pois precisa melhorar sempre) como em *Entrepreneurial Management* (esse estilo startup, que prioriza a originalidade pois precisa aprender rápido).

Máquinas eram para substituir trabalhos repetitivos e burros.
* Então descubro que *deep learning* (i.e., Inteligência Artificial) vai transformar o que entendemos como automação e traz novas perspectivas sobre o que é trabalho, sobre mudanças nas profissões e até no que significa humanidade.

Oportunidade era comprar por $5 e vender por $10.
* Então descubro que atravessadores vão sumir nesta era de desintermediações, sejam estas provocadas por *blockchains* redesenhando os confusos arranjos comerciais existentes, ou senão pelas radicais mudanças de comportamentos e hábitos de consumo.

Marketing era para vender produtos.
* Então descubro que os clientes não estão nem aí para os nossos produtos.

Objetivo era dar lucro.
* Então descubro que o que move realmente as pessoas é perseguir grandes propósitos, e que o resultado serve apenas para financiar esta jornada.

Planejamento era para se ter certeza.
* Então descubro que quanto mais inovadora for a minha ideia, menor é a chance de eu estar certo.

Central de Atendimento era para Atender Clientes.
* Então descubro que todos haviam se esquecido do mais óbvio: os clientes! Você premia os atendentes que menos tempo levam para atender um cliente, e quanto mais a performance aumenta, mais o seu cliente te odeia.

O que eu estou tentando dizer para você da maneira mais transparente possível é que o nosso jeito antigo não funciona mais. Muito do que a gente sabe e fez logo-logo vai valer quase nada.

Essas mudanças todas são ameaças apenas para os que não tiverem coragem de reaprender. Para os outros essas mudanças representam as maiores oportunidades que já existiram. Eu me decidi, vou ficar do lado da oportunidade.

Mas infelizmente ninguém pode ou consegue nos dizer se ou quando isto ou aquilo vai dar certo ou errado. Nenhum desses futuristas consegue prever o futuro. Por isso é fundamental entendermos sobre estas incríveis novas tecnologias, esses novos modelos de negócios e lógica de competição e, principalmente, o novo *mindset* para organizações ágeis, versáteis e verdadeiras.

O que eu gostaria era que a gente aprendesse juntos.

Nós precisamos estar mais dentro deste novo mundo, aprendendo todo o tempo e continuamente redesenhando nossas habilidades. Somente assim conseguiremos ser protagonistas do nosso próprio futuro.

Vamos?

Cristiano Kruel
Head de Inovação da StartSe

P.S.: Espero que este livro te mostre na prática o que estou tentando te explicar.

O FUTURO? QUAL DELES?
INTRODUÇÃO

A média de acertos das previsões, no geral, não é melhor que a de um dardo lançado por um chimpanzé. Philip Tetlock, professor da Wharton School of Business, usou essa velha metáfora depois de checar a (im)precisão de uma série de vaticínios feitos por experts – acadêmicos, comentaristas políticos e colunistas em geral – entre 1984 e 2004, nos Estados Unidos (Tetlock, tendo como base um outro estudo, lançaria anos depois o livro *Superforecasting: Art and Science of Prediction* [Superprevisão: arte e ciência de prever, Broadway Books, 2016], dando dicas de como "melhorar a habilidade de fazer previsões").

Se fôssemos transportar o mesmo teste para o mundo contemporâneo dos negócios, levando em conta o dinamismo e a velocidade da economia digital, a analogia com a exatidão do dardo atirado pelo primata continuaria atualíssima (desconfiamos até que a média de acerto do chimpanzé levaria alguma vantagem). O futuro, por definição, é terreno do desconhecido. Mas, até bem pouco tempo atrás, era possível, no universo empresarial, se não prever, ao menos esboçar um cenário possível para, digamos, a década seguinte – utilizando dados históricos e projeções razoavelmente críveis baseadas no comportamento do mercado. Hoje em dia, não mais. Nos últimos trinta anos, o avanço da tecnologia tornou impossível qualquer prognóstico: nunca se experimentou tanto, nunca foi tão viável empreender, arriscar e inovar. Este é um mundo "beta", ou seja, em teste e aceleração constante. A convergência de tecnologias e a hiperconectividade tornaram abundante o conhecimento, que, por sua vez, resultou em um crescimento exponencial de negócios e empresas. Nessa projeção, o "ano que vem" virou o mês seguinte. O planejamento quinquenal é peça decorativa: você pode até fazer, mas só para guardar de recordação, pois o mundo dos negócios daqui a cinco anos será completamente diferente do que foi planejado. E quão diferente? Não fazemos a menor ideia. Se você, empreendedor, piscar o olho, uma nova tecnologia e um novo modelo de gestão puxarão o seu tapete no próximo fim de semana – liderados por aquele improvável concorrente que você jamais supôs que fosse pisar em seu quintal (imagine se alguém se aproximasse do chefe da engenharia da General Motors na década passada e dissesse: "Ei, fique de olho no Google. Ouvi dizer que esses caras querem lançar um carro". Provavelmente escutaria gargalhadas ecoando em Detroit).

O que estamos dizendo aqui é que a imprevisibilidade, companheira regular dos empresários e empreendedores, nunca esteve tão presente. A má notícia é que, para ela, não há remédio. Mas é possível, sim, desenvolver uma nova mentalidade e criar um modelo de gestão suficientemente dinâmico para não apenas tentar defender a sua empresa dos ataques como também – e principalmente – mantê-la viva no jogo das evoluções exponenciais. É o que pretendemos mostrar nas próximas páginas.

Peter Diamandis, um dos fundadores da Singularity University, dá um bom exemplo de como se forma esse risco silencioso a que empresas e mesmo setores inteiros estão expostos – e pode acreditar: alguém, neste exato momento, está trabalhando duro para fazer o seu negócio virar pó. No livro *Bold: oportunidades exponenciais*, Diamandis e o coautor, Steven Kotler, descrevem os seis Ds da evolução exponencial: Digitalização, Decepção, Disrupção, Desmaterialização, Desmonetização e Democratização. Seguindo as suas dimensões, é possível perceber a estupenda aceleração depois da fase conhecida como Disrupção. Até lá, o processo de digitalização de um negócio e a tentativa de "disruptar" andam em marcha lenta – quase como uma volta de aquecimento, para usar uma analogia com o automobilismo. Mesmo quando o empreendedor chega ao produto ideal, ainda vai levar algum tempo e gastar algum dinheiro para provar a viabilidade econômica daquele projeto. O gráfico de receitas do negócio faz, então, uma parábola para baixo, como se, contraído, esperasse o momento certo para explodir – a sístole empreendedora. Por isso, Diamandis a rotulou de "*deception*". Mas note: essa decepção, ainda que faça parte do processo, é passageira. Quando o empreendedor acerta a mão no produto e na sua viabilidade comercial, acontece a diástole: vem a disrupção, a desmaterialização do antigo negócio, a desmonetização – ou seja, a redução de custos e o barateamento de produtos e serviços – e, consequentemente, a democratização. E a curva se transforma em uma extraordinária diagonal de crescimento, difícil de ser alcançada.

Conhecer essa dinâmica é fundamental nos dias atuais, seja você o alvo ou o agente das mudanças. O aprendizado, cabe lembrar, vale para os dois lados.

Era preciso reaprender para voltar ao jogo. E esse jogo não começa sem entender um ponto aparentemente óbvio e absolutamente fundamental: o cliente passou a ter o poder.

Os últimos movimentos na indústria da música ilustram bem o efeito Diamandis. Lembra-se de como eram baixadas as músicas em um passado não muito distante? Existiam as plataformas de compartilhamento, como os *torrents* e afins, geralmente lentos e com oferta limitada – além do fato de que nem todos os arquivos disponíveis eram devidamente liberados pelos detentores dos direitos das obras. Um começo meio torto, digamos. Mas os *torrents* não chegaram a causar grande estrago à indústria fonográfica. Havia um contingente muito grande que ainda preferia os CDs em vez de baixar músicas no computador ou no MP3. Então, Steve Jobs percebeu o potencial daquela tecnologia e lançou o iTunes: um dólar por música, com todas as regras respeitadas. Parecia um bom negócio para o consumidor (e para a Apple, claro). Imagine 14 músicas a US$ 14, equivalente ao preço de um CD, com a vantagem de você mesmo fazer a playlist... Até que veio o Spotify e estabeleceu o seguinte: US$ 14,90 por todas as músicas do mundo. Desmaterialização e democratização total. Ou a indústria fonográfica se rendia ao novo esquema, fazendo parcerias com as plataformas de compartilhamento, ou estaria tão atual e lucrativa quanto as fabricantes de máquinas de escrever.

O carro é outro bom exemplo. Ainda estamos nas fases iniciais de implementação dos veículos elétricos e autônomos. Até aqui, a tecnologia exige alguma interferência humana. Em algum momento, breve, que podemos definir como um nível avançado da autonomia, talvez nem precisemos de motorista. Bastará ao passageiro (e seremos todos passageiros) acomodar-se no banco, colocar o cinto e curtir a viagem. As montadoras atuais, digladiando-se pela nova tecnologia e tentando viabilizá-la comercialmente, dizem que o automóvel, ainda que completamente autônomo, continuará sendo um bem de consumo. Empresas como o Google sustentam que os carros vão virar serviço, pois estarão exclusivamente nas mãos de frotistas. Não fará sentido para o consumidor ter um deles na garagem. O ponto central é: o ecossistema dos automóveis vai mudar profundamente, e esse tremor não será sentido apenas nas linhas de montagem. Pense no impacto para as indústrias de seguro, financiamento, peças e serviços, estacionamento, combustível, serviços de delivery, transporte público, receitas públicas, órgãos de expedição de documentos, mercado imobiliário (sim, o fluxo de pessoas em uma região também define os valores de imóveis), manutenção de estradas e por aí vai. A lista é imensa. Percebe o efeito? Na imagem da próxima página deixamos o efeito cascata da indústria automobilística para que você possa visualizar melhor. Não há mais como ficar alheio ao que vem acontecendo fora de sua casinha. Não tem essa de dizer: não estou preocupado, não é meu segmento. Hoje, é preciso observar o concorrente mais próximo, conhecido e esperado, e também espiar de lado, para ver se não há forasteiros invadindo algum nicho que possa impactar diretamente o seu mercado.

Ao longo deste livro, vamos falar muito de dois tipos de concorrência, a assimétrica e a transversal. A assimétrica ocorre quando as pequenas empresas, as startups, causam estragos em companhias já estabelecidas ou em setores inteiros. O Spotify, por exemplo. Ou as fintechs, as startups financeiras, ligeiras e

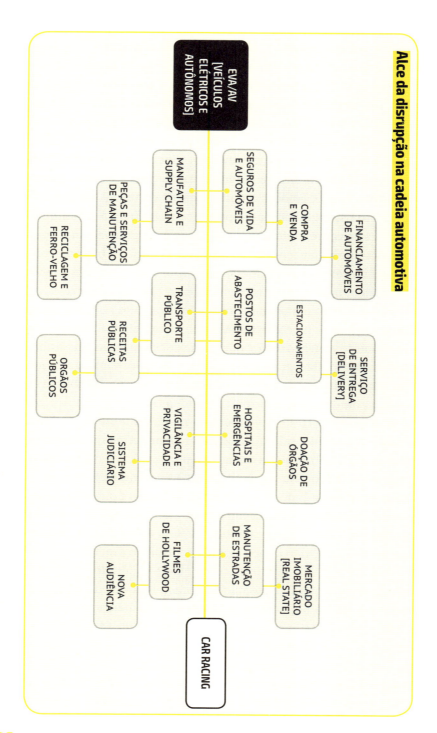

enxutas, que detectam a ineficiência alheia, miram um nicho de mercado, comem pelas beiradas e vão roendo aos poucos até sabe-se lá onde a hegemonia dos bancos. Sozinhas, podem até não causar grandes danos, mas há um enxame delas, em todas as áreas: câmbio, pagamento eletrônico, cartão de crédito, gestão fiduciária, empréstimos, financiamentos, seguros... É o setor que mais cresce no mundo[1], com milhares dessas empresas nascidos assim mesmo, como fintechs e outras centenas, metamorfoseadas em fintechs (só para continuarmos no exemplo do mercado financeiro). Entramos, então, no conceito de competição transversal, em que alguém de fora avança em seu terreno, sem aviso prévio. Pense na 99, a empresa de transporte via aplicativo. Sua atividade principal: mobilidade de gente. Perfeito. Mas a 99 também criou uma conta para o motorista, com um cartão, para que ele receba o seu percentual a cada corrida. O que a impediria de oferecer serviços de *digital wallet* (carteira digital) para esse mesmo motorista efetuar suas compras ou debitar suas contas? O crédito já está ali, afinal. E por que não estender esse serviço aos clientes de seu aplicativo? A Starbucks faz isso com grande sucesso nos Estados Unidos: seu aplicativo de *mobile payment* (pagamento móvel) é o mais usado do país, à frente de Apple Pay, Google Pay e Samsung Pay.[2] Podemos citar também o PagSeguro (empresa de meios de pagamento), o braço mais rentável do Grupo UOL, cuja atividade de origem – a mais conhecida – é o portal de notícias, com milhões de usuários únicos. Ou os serviços financeiros da Amazon. Ou os projetos de pagamentos digitais do WhatsApp. Nossa empre-

---

[1] Um levantamento da KPMG, o "The Pulse of Fintech", mostra que, em 2011, os investimentos de *venture capital* nas fintechs somavam 2,1 bilhões de dólares. Em 2018, esse número saltou para 58 bilhões de dólares. Disponível em: <https://fintek.pl/wp-content/uploads/2018/08/h1-2018-pulse-of-fintech.pdf>. Acesso em: 23 maio 2019.

[2] Dados do instituto de pesquisas eMarketer apontavam para 23,4 milhões de usuários do aplicativo Starbucks nos Estados Unidos em 2018 – Apple e Google teriam 22 e 11,1 milhões de usuários, respectivamente. Disponível em: <https://contentstorage-na1.emarketer.com/3f37b8a257db8f1de9e0d-6f84a06ef1e/Mobile_Marketing_Trends_Roundup_2018_eMarketer.pdf>. Acesso em: 22 maio 2019.

sa, a StartSe, como contaremos ao longo das próximas páginas, também é um exemplo claro dessa capacidade de se multiplicar em várias células de negócios. Somos uma startup que atua no ecossistema do empreendedorismo, conectando potenciais empreendedores, empresas e investidores. Somos também uma empresa de educação e de eventos ligados ao tema. Funcionamos ainda como uma consultoria para outras companhias interessadas nas novidades do Vale do Silício (nossa sede é lá) e como gestora de recursos para *family offices*[3] dispostas a investir no universo das startups. E, enquanto escrevemos este livro, a StartSe se prepara para ser uma espécie de bolsa de valores da nova economia.

Em um interessante artigo para a revista *Forbes*, Jim Marous, um dos maiores especialistas americanos em inovação no sistema financeiro e conselheiro da administração Obama para políticas do setor, cunhou um termo que define com exatidão essa concorrência transversal na seara dos bancos: techfin, as empresas de tecnologia que, de uma forma ou de outra, usam o seu conhecimento para invadir o mercado financeiro. Elas têm todos os ingredientes necessários para dar o pulo: proficiência digital, uma enorme base de consumidores, capacidade de melhorar constantemente a experiência do cliente, agilidade para estender seus tentáculos a outros setores e, em muitos casos, uma taxa de aprovação e admiração bem maior do que a das instituições financeiras tradicionais. Fintechs e techfins serão – ou melhor, já são – um problema para os bancos.[4] E uma solução para potenciais correntistas e investidores. É a democratização de Diamandis vitimando mais um mercado.

Dito isso, vem a questão crucial: *como, então, se preparar para enfrentar esse novo mundo?*

---

3 Estrutura montada para famílias com muitos recursos, normalmente que possuem grandes empresas e precisam de assessoria completa, desde o âmbito jurídico, contábil, fiscal e em investimentos.
4 MAROUS, Jim. "The Future Of Banking: Fintech Or Techfin?". *Forbes*, 27 ago. 2018. Disponível em: <https://www.forbes.com/sites/jimmarous/2018/08/27/future-of-banking-fintech-or-techfin-technology/#127839e95f2d>. Acesso em: 12 jun. 2019.

Os modelos atuais têm a obrigação de estar na ponta final. O cliente é o sensor. É a força magnética que puxa toda a capacidade de inteligência de sua companhia.

Durante os anos de 2015 e 2016, nos dedicamos a estudar o fenômeno. Havíamos acabado de deixar a XP Investimentos e concluímos que não havia momento melhor para nossa reciclagem digital. Passamos uma temporada no Vale do Silício, frequentamos universidades como a Singularity, visitamos os maiores centros empreendedores do mundo e absorvemos o máximo de conhecimento possível sobre a chamada nova economia – ou economia digital. Era preciso reaprender para voltar ao jogo. E esse jogo não começa sem entender um ponto aparentemente óbvio e absolutamente fundamental: o cliente passou a ter o poder.

Você deve estar se perguntando: mas não foi sempre assim? Uma empresa, afinal, deveria ter como função básica e primordial atender bem o cliente, seja ela uma fabricante de produtos, uma provedora de serviços ou uma companhia B2B... Sim, mas não estamos falando do cliente passivo. Foi-se o tempo em que a empresa ditava o que o consumidor deveria buscar, comprar ou querer. A mesma tecnologia que produziu maravilhas nos meios de produção e revolucionou os sistemas de gestão também se encarregou de dar o controle remoto ao consumidor. Se ele não gostar do seu produto ou serviço, simplesmente troca de canal – e, nos dias de hoje, trocar de canal significa apenas ter um Wi-Fi à disposição e um smartphone na mão. Com um clique, ele descarta a sua empresa com o mesmo desembaraço com que joga um copinho de café na lixeira. E, se você o tiver aborrecido muito, sido pouco transparente ou leviano, bastam a ele 140 caracteres nas redes sociais e a reputação de sua companhia estará irremediavelmente comprometida. Porque ele tem escolha. Estamos na era da abundância, afinal. Jamais se esqueça disso.

Os modelos de gestão adotados até aqui foram concebidos para atuar em um mundo provável, linear, sem a presença constante do imponderável. O planejamento se resumia, então, a uma combinação de comando e controle da equipe e, dessa forma, era possível navegar durante um bom tempo com relativa tranquilidade. Funcionários eram treinados para pensar somente em suas empresas – um mindset interno – e não necessariamente em seus clientes. Os modelos atuais, ao contrário, têm a obrigação de estar na ponta final. Dito de outra forma, o cliente é o sensor. É a força magnética que puxa toda a capacidade de inteligência de sua companhia, ajudando-o no desenvolvimento de produtos e serviços. Em qualquer sistema de gestão que pretenda surfar no dinamismo da economia digital, será preciso dispor de dois fundamentos básicos. O primeiro: a necessidade de criar ferramentas para interagir constantemente com o "sensor", detectando suas necessidades, preferências e hábitos – sim, estamos falando da coleta de dados, o novo petróleo ("*Data is the new oil*" é a frase mais ouvida em cada canto do Vale do Silício). Com a correta interpretação dos dados e o uso dessas informações para a criação de novos algoritmos de *machine learning* (inteligência artificial), você reduz riscos e eleva sua probabilidade de acertos em um projeto ou produto. O segundo fundamento: a capacidade de ser ágil o bastante para acompanhar os avanços do mercado. Isso pressupõe outros dois conceitos fundamentais: aprendizagem constante e autonomia nas decisões. Na StartSe, usamos muito a expressão "*lifelong learning*", ou seja, a busca por aprendizado durante toda a vida,

Se não houver um ambiente em que o time se sinta confortável, em que seja permitido se expor e se arriscar, o caminho para acompanhar as mudanças será bem mais difícil.

em todos os espaços. Trabalhamos com isso e estimulamos nossa equipe a sempre buscar o conhecimento, a informação, manter as antenas ligadas para captar o que de mais valioso está ocorrendo nos grandes centros tecnológicos e empreendedores do mundo, como Vale do Silício, China, Israel, Finlândia, Cingapura... É impossível captar tudo, entender todos os movimentos, diferenciar o que é ruído do que é realmente uma provável realidade. Nós estamos dentro da transformação, afinal, o mundo está sendo escrito agora. Mas é razoável pensar que a combinação de estudo e pesquisas com viagens, interação com pessoas e empresas inovadoras e o uso de muita tecnologia (sempre ela) diminui o risco de passar batido pelos sinais emitidos pelos núcleos geradores dessa transformação.

Esse conhecimento deve vir acompanhado de uma estrutura leve e eficiente, capaz de mudar a rota quando necessário. Estamos falando, sim, de um time pequeno, da redução de camadas hierárquicas, da otimização de tarefas comuns e mesmo de espaços físicos (quem precisa de uma sede gigantesca, que traz mais custos do que benefícios?), da eliminação de intermediários e, sobretudo, da substituição da velha prática de comando e controle por uma gestão baseada em contexto – uma excelente prática usada pela Netflix para alinhar interesses dentro da empresa, que também detalharemos nas próximas páginas. Seja transparente, defina um propósito, compartilhe ideias e sonhos, estabeleça as metas, dê autonomia para agir, estimule as experimentações (e tolere os erros) e você verá uma equipe altamente comprometida com os seus objetivos. E, obviamente, não se esqueça de que esse alinhamento vem com uma política de remuneração adequada. Na StartSe trabalhamos com os sistemas de bonificações e partnership, ou seja, a possibilidade de se tornar sócio da empresa. Somos devotos da meritocracia, das métricas e do primeiro mandamento da empresa moderna: *não contratarás funcionários, e sim sócios para dividir as aflições e compartilhar conquistas.*

O resultado é a criação de um ambiente propício para a evolução e para a inovação. No fundo, estamos falando de cumplicidade. Se não houver um ambiente em que o time se sinta confortável, em que seja permitido se expor e se arriscar, o caminho para acompanhar as mudanças será bem mais difícil, acredite. A única forma de fazer a roda continuar girando é, como se diz, não parar de movimentá-la. O conceito de Fly-Wheel, que está representado na página a seguir e que foi baseado nos princípios da energia cinética, talvez resuma bem a dinâmica empreendedora destes dias. As novas tecnologias aceleram mudanças no mercado – dos hábitos de consumo à competição. Essas mudanças fazem surgir novos sistemas de gestão, que, se bem-sucedidos, acabam promovendo novas tecnologias e novos modelos de negócios. Que alimentam a roda mais uma vez e, a cada novo ciclo, a movimentação se torna mais leve. E mais rápida.

Aprendizado constante + aceleração permanente: eis a fórmula possível para enfrentar o mundo imprevisível.

Eduardo Glitz, Marcelo Maisonnave e Pedro Englert

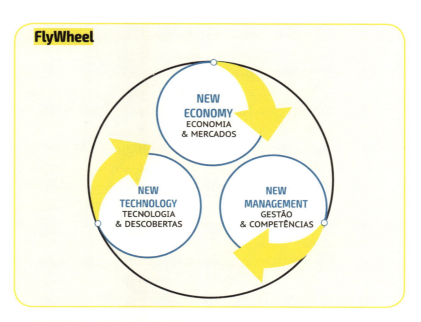

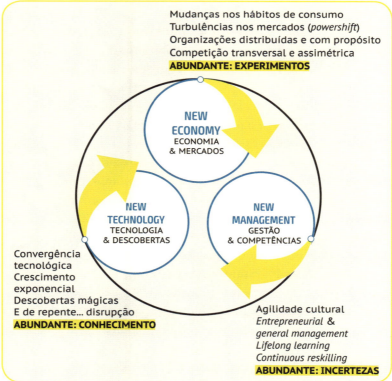

O FUTURO? QUAL DELES?

AS SEGUNDAS-FEIRAS VOLTARAM A SER BOAS

> *"Não quero que em 20 anos minhas filhas venham me dizer: você sabia que era preciso mudar e não fez nada. Esse pensamento cabe não apenas na condução de um país, mas em todas as coisas da vida."*
>
> — BARACK OBAMA EM ENTREVISTA A DAVID LETTERMAN

PEDRO ENGLERT

Cheguei em casa mais cedo naquela terça-feira de setembro, em 2015. Larguei o computador em um canto da sala, como sempre faço, conversei rapidamente com minha esposa e me sentei para brincar com Antonio. Lembro-me de ter me conectado de maneira diferente com meu filho, sem pensamentos paralelos, sem interferências, planos, planilhas, metas, métricas... ou qualquer outro ruído que move e atormenta quem, como eu, vive para os negócios. Minha mente estava concentrada apenas na brincadeira com o guri. Foram alguns minutos de trégua, mas o suficiente para detectar algo valioso que eu buscava havia muito tempo: a capacidade de ser igualmente intenso, com 100% de entrega, em casa e no trabalho.

Então, o cérebro voltou a girar na velocidade habitual, processando o passado recente e tentando projetar o futuro, que parecia ainda mais incerto. Ficou claro para mim que a experiência da tarde com meu filho era uma reação natural, quase um antídoto, à turbulência que eu havia experimentado horas antes.

Repassei rapidamente os fatos. Na manhã daquele mesmo dia, eu deixara a sociedade na XP Investimentos, a startup que nasceu em uma sala de 25 metros quadrados em Porto Alegre e se transformou, em pouco mais de uma década, na maior corretora independente do Brasil. Eu havia participado de boa parte daquela trajetória impressionante. Entrei em 2007 a convite de

Marcelo Maisonnave, um dos fundadores da empresa, ainda no início da operação, e liderei projetos importantes como a construção da rede de agentes autônomos da empresa, o que permitiu levar o nome e os produtos da XP para todo o país. Marcelo era, até então, o responsável pela expansão dos escritórios. Ele me treinou e foi aos poucos me colocando no circuito, pois sabia de minha experiência no projeto de ampliação da rede de postos Ipiranga, empresa para a qual eu havia trabalhado antes de me juntar à XP. Eu conhecia aquele mundo do varejo, bastava adaptá-lo (e me adaptar) ao novo segmento. Quando assumi a tarefa na XP, havia dez escritórios. Quando deixei a função, eram 400. Também liderei a transformação do *InfoMoney*, convertendo-o em um dos poucos sites de mídia no Brasil com um modelo de negócios altamente rentável e escalável. Orgulho-me, particularmente, da *joint venture* que fiz com a *Bloomberg*, um dos mais importantes provedores de conteúdo financeiro do mundo, o que aumentou consideravelmente a relevância do portal – nos tornamos, rapidamente, uma máquina de geração de clientes para a XP. Peguei o *InfoMoney* com R$ 400 mil de receita e devolvi com quase R$ 2 milhões. Lembro-me ainda da organização do Expert, principal evento financeiro da XP e da criação do G-20, como batizei o encontro dos maiores escritórios da empresa, responsáveis por definir projetos e estratégias de crescimento. E, claro, de participar ativamente da evolução do modelo de negócios da XP: de uma corretora que vendia ações para uma plataforma de investimentos. Foi duro, portanto, retirar o "crachá" de sócio sabendo que haveria muito mais a fazer.

O filme da XP passou rápido pela minha cabeça. E me concentrei no momento de minha saída.

Foi uma reunião muito difícil na sala de Guilherme Benchimol, fundador e acionista majoritário da XP, pois a relação que criamos na empresa transcendia o racional. Era difícil separar a vida profissional da vida pessoal – meus colegas daquele tempo sabem muito bem do que estou falando. A dedicação era integral, como a de um atleta que se prepara para jogar a partida

> **A dedicação era integral, como a de um atleta que se prepara para jogar a partida mais importante de sua carreira, e todos na empresa tinham essa mentalidade de atleta.**

mais importante de sua carreira, e todos na empresa tinham essa mentalidade de atleta. O problema é que o jogo mudou e, apesar das enormes oportunidades de crescimento que se apresentavam para a XP, comecei a perceber que o meu lugar não era mais ali. O plano que eu gostaria de seguir no *InfoMoney* não era o mesmo que estava na mente de Guilherme, que costurava uma estratégia macro para o grupo. Eu entendia que o *InfoMoney* estava em uma situação diferente e deveria permanecer independente para ganhar cada vez mais relevância. Essa diferença de visão provocou alguns atritos que aumentaram na medida em que o *InfoMoney* crescia. Para o bem de nossa relação, que já durava quase dez anos, concordamos que não fazia mais sentido eu continuar na empresa, uma vez que não teria mais prazer em seguir o plano proposto pela maioria da sociedade.

E, assim, em 29 de setembro de 2015, eu me desliguei formalmente da XP. Para meu alento, no dia anterior a essa conversa, Eduardo Glitz, meu amigo desde os tempos da Universidade Federal do Rio Grande do Sul – responsável pela minha entrada na XP e com quem tive a oportunidade de conviver intensamente desde então –, também havia deixado a sociedade. Lembro-me exatamente do pensamento que me ocorreu a caminho de casa: ao menos teria alguém muito próximo, que eu admirava, para dividir as angústias e incertezas e compartilhar novas experiências.

Depois que meu filho e eu paramos de brincar e fiquei sozinho, uma mistura de sentimentos veio à tona. Se por um lado havia o orgulho por ter construído um patrimônio financeiro e vivido uma história incrível, com pessoas talentosíssimas, por outro havia a desconfortável sensação de não ter mais a XP como minha "casa" e de imaginar um futuro longe dela. Poxa, eu ainda tinha muito o que fazer por ali. Aos 36 anos, me sentia no auge da forma física e intelectual. De repente, era obrigado a ver de fora o castelo que ajudei a levantar desde as primeiras fundações, e essa visão me atormentava. Seria possível erguer de novo algo daquele tamanho? E se eu não fosse capaz? E se tivesse sido apenas mais uma peça da engrenagem XP, aquele que estava no lugar certo na hora certa? Lembrei-me de um amigo ter contado, certa vez, que a psicologia já catalogou esse tipo de sentimento: é a síndrome do impostor, uma percepção equivocada e distorcida dos próprios talentos, geralmente provocada por um grande baque. Melhor nem pensar demais para não a alimentar. Talvez fosse o caso de me agarrar a uma frase do psiquiatra Philippe Brenot registrada no livro *Le Génie et la Folie* [O gênio e a loucura, em tradução livre]: "Da dor de perder nasce a obra". Ou buscar forças em um clichê repetido pelos amigos mais próximos: "Quem sobe o Everest uma vez sobe dez". Era isso. Eu precisava de uma nova obra, escalar de novo o Everest.

Antes, porém, tinha de cumprir a promessa feita à família, de dar um tempo, viajar, esfriar a cabeça. Um pulo nas praias de Garopaba ou Atlântida, no Sul, ou um fim de semana na Baleia, no litoral paulista, talvez fizessem bem. Quem sabe tirar da gaveta o tão sonhado ano sabático? Ou dar a volta ao mundo, como o Glitz planejava fazer? Eu e Manuela, minha esposa, achávamos que era hora de desacelerar para recobrar as forças e, só então, pensar no futuro. Sem pressa e sem pressão.

O problema é que sempre pisei fundo (e quem tem o mesmo perfil sabe do que estou falando!). Até meu modo de falar é apressado. Meus amigos de Porto Alegre me descrevem como acelerado e competitivo, o tipo que, ao cruzar a linha de chegada, já começa a se aquecer para o próximo desafio. Também sou extremamente objetivo. Minha irmã, Paula, presidente da agência de pesquisas Box 1824, diz que meu mundo é feito de fórmulas, tabelas e quadros, que eu não acredito em nada que não se possa medir ou estruturar: "O Pedro é esquemático, regido por *frames*". Acho que é uma boa definição. Sou cria do mercado financeiro, afinal. E nele há pouquíssima margem para qualquer outro mundo que fuja de números e métodos.

Sou, portanto, uma exceção em uma família, digamos, mais humanista. Meu pai é arquiteto. Minha mãe fez Relações Públicas. Paula formou-se em Publicidade. A "culpa" da minha adoração por números, quadros, tabelas e, sobretudo, pelo empreendedorismo vem de meu avô Paulo Vellinho, no auge de seus 93 anos enquanto escrevo este livro. Ele foi um visionário, ajudou a forjar a indústria gaúcha. Comandou empresas importantes como Springer, Coemsa e Avipal, foi presidente da Federação das Indústrias do Rio Grande do Sul (Fiergs) e da Associação Brasileira da Indústria Elétrica e Eletrônica (Abinee). Um homem público que nunca ocupou um cargo público. Meu avô sempre foi uma grande inspiração para mim.

Talvez inebriado por suas conquistas, eu meti na cabeça, certa vez, que queria entrar para a política – quem sabe ajudar o Brasil a se tornar, um dia, mais eficiente. Quem sabe ser presidente da República... Por que não? Começaria com algo mais modesto, porém: a prefeitura de Porto Alegre. Cheguei a me filiar ao Partido Novo e participar da seleção de prefeitos. O partido buscava um quadro jovem, com trajetória bem-sucedida no mercado, para concorrer ao cargo. Mas Manuela me demoveu da ideia com o argumento de que eu deveria manter o foco no que mais sabia fazer: empreender no setor privado. Ela estava coberta de razão.

Minha vida toda girou em torno de negócios. Aos 16 anos, eu ingressei na Junior Achievement, uma organização internacional que visa desenvolver o espírito empreendedor nos jovens (hoje sou integrante do conselho da J.A. Brasil, sendo o primeiro estudante do programa a assumir essa função). Aos 18, entrei na Universidade Federal do Rio Grande do Sul para cursar Administração de Empresas. Aos 20, aproveitei as constantes greves da UFRGS para passar uma temporada em San Diego, na Califórnia. Trabalhava durante o dia como garçom para o Pick Up Stix, um restaurante *"fast-casual"* asiático e, à noite, entregava pizzas. Voltei com US$ 4 mil no bolso – o equivalente a R$ 16 mil, na época. Era uma fortuna para mim. Tirei algum dinheiro para me divertir nos fins de semana no litoral, mas boa parte gastei para bancar minha estada no Rio de Janeiro, onde faria um estágio na corretora do Banco Prosper. Ali, eu tive a primeira experiência em uma mesa de operações e me apaixonei pelo mercado financeiro.

De volta a Porto Alegre e à universidade, montei com o Glitz e com um outro amigo, Luiz Pedro Albornoz, um clube de investimentos em ações, o UpHill. Trabalhávamos durante o dia, estudávamos e depois das aulas nos reuníamos para tocar o novo projeto – com frequência, avançávamos madrugada adentro. A sede era minha casa. E a ideia era tentar convencer os amigos, sobretudo os ricos e com pais ricos, a investir na Bolsa, cobrando um percentual pela transação. A clientela era pequena, mas a diversão estava garantida. Eu jamais poderia imaginar que anos mais tarde viveríamos daquilo.

Olhando hoje, em retrospecto, dá até para dizer: Santo Pick Up Stix! Sem aquela grana, não haveria estágio no Rio, não haveria o clube de investimentos, não haveria a XP. Nem o que viria depois dela, por consequência.

Duas semanas depois de fechar a porta da XP, embarquei com minha mulher e nosso filho rumo ao sonhado ano sabático. Primeira escala: Miami. Dali, a ideia era rodar o mundo.

Aquilo que você imagina que vai acontecer já está acontecendo. A disrupção em todos os setores da economia é real.

Entretanto, um telefonema ao amigo e ex-sócio Marcelo Maisonnave, às vésperas do embarque, mudaria para sempre nossos planos. O sabático se transformaria em férias de um mês em Miami, seguido de uma temporada de aprendizado em Palo Alto, no Vale do Silício, Califórnia.

Era o momento de recomeçar, voltar ao Everest.

Note-se: a família toda concordou com a ideia. Digamos que os termos da promessa foram apenas reajustados. Algumas pessoas não conseguem parar... Você entende.

Eu começaria a caminhada com duas perguntas decisivas e complementares: "Como me preparo para um mundo tão diferente como este que estou vendo no Vale do Silício? Como educo meus filhos para este novo mundo?".

Tentei formular a resposta, começando com uma constatação óbvia: tudo está mais veloz. A transformação é absurda. Olhe para a revolução tecnológica que ocorre no Vale do Silício, em Israel, na China... Aquilo que você imagina que vai acontecer já está acontecendo. A disrupção em todos os setores da economia é real. Esses empreendedores estão fazendo a transformação em uma intensidade tão grande e com tanta abrangência que nos sentimos vulneráveis. Então, a questão é a seguinte: ou eu começo a compreender essa dinâmica, ou vou ficar obsoleto. Isso dá medo! Se eu ficar parado um ano, estarei fora do jogo. Como me protejo? Em que invisto? Em petróleo? Carro? Companhia aérea? Não sei. Talvez essas indústrias não existam mais daqui a duas, três décadas, ao menos não como funcionam hoje. As pessoas me dizem: "Mas, bá, Pedro, tu tens recursos e conhece o mercado financeiro, podes viver de renda". Não, esquece. O maior ativo que alguém deve ter, em que deve investir, é a sua cabeça. A única proteção para ter uma vida boa e confortável por um bom tempo é a capacidade de criar valor e capturar parte desse valor. Para me reinventar, preciso estar conectado com as coisas mais legais do mundo, a todo momento.

E, para isso, só tem uma saída: financiar o conhecimento e exercitar o aprendizado constante.

EDUARDO GLITZ

A vida fora da XP era algo que não passava pela minha cabeça.

Sei que parece um exagero tratar dessa forma a relação com uma empresa, mas quando se tem uma trajetória como a que eu tive ali, com o grau de devoção a que me entreguei e com o objetivo de transformá-la na maior empresa de investimentos do país, é inevitável não alimentar a sensação de perenidade, do casamento duradouro. Nem e-mail particular eu tinha. Vida pessoal e profissional eram a mesma coisa. Adotei a empresa quase como um sobrenome: eu era o "Eduardo Glitz da XP" e me orgulhava de carregar essa identidade – soava como um selo de qualidade e de reconhecimento por tudo o que construí lá dentro. Falo de projetos e de produtos, mas também de amizades e de relacionamento. Quanta gente talentosa cruzou o meu caminho... Aprendi com muitos colegas e tive a oportunidade de orientar tantos outros nessa incrível jornada. Fui o responsável pela montagem de diversas áreas na XP. Liderei toda a operação de varejo, que respondia por 70% da receita da companhia – o comercial, a distribuição, os produtos, o marketing e até mesmo o RH estavam sob meu comando. Participei das grandes decisões estratégicas – nós, os principais sócios, tínhamos uma sintonia impressionante – e sempre fiz questão de estar ao lado da equipe para implementá-las. Gosto de criar, mas me realizo principalmente com a execução dos projetos. É isso o que me motiva. Eu costumava dizer ao time que, mais do que o dinheiro, buscávamos ali a chance de um dia olhar para trás e nos orgulhar do que fizemos.

Esse dia de olhar para trás chegou. Saí da XP em 28 de setembro de 2015, uma segunda-feira, pouco menos de 24 horas antes do Pedro. Sim, estava orgulhoso do que havia feito, como eu apregoava à minha equipe, mas era inevitável misturar essa sensação de dever cumprido com certa aflição pelo que viria depois. Se eu fosse resumir em uma frase o motivo de minha saída, diria: incompatibilidade de ideias sobre os novos rumos da companhia. A sintonia já não era tão fina assim depois de uma década de convívio. E a relação foi esfriando, como ocorre até mesmo nos melhores casamentos. Eu teria de me acostumar, portanto, à vida fora da XP. Sem o sobrenome da empresa.

Foi então que o meu pragmatismo – bendito pragmatismo (afinal, não é apenas a característica física que me rendeu, entre os amigos próximos, o apelido de Alemão) – se encarregou de colocar a cabeça em ordem. A XP não existia mais em minha vida. Ponto-final. Era preciso pular rapidamente para a próxima fase. Se havia um lado bom naquilo era a oportunidade de repetir algo que sempre fiz desde os tempos de faculdade em Porto Alegre: a capacidade de me adaptar, de me transformar para encarar o desconhecido. No início da minha carreira profissional, por exemplo, dei um bico em um promissor emprego na sede do Walmart, então a maior empresa do mundo, para realizar o meu sonho de trabalhar com finanças em uma pequena corretora de minha cidade, justamente a XP. Mas daqui a pouco eu conto essa história...

Naquele 28 de setembro, eu fechei a porta da XP, fui para o flat que alugava em São Paulo, juntei todas as minhas quinquilharias, enfiei-as no carro e parti em direção ao Rio de Janeiro, meu endereço oficial. Durante o último ano de XP, minha vida foi uma ponte aérea. Segunda a sexta-feira em São Paulo e os fins de semana no Rio, contando sempre com a carinhosa paciência da Thainá, minha esposa. Eu precisava desacelerar, descansar um pouco da rotina estressante do mercado financeiro – e nada como uma volta ao lar para recobrar a energia. Depois de algumas semanas no Rio, decidi viajar ao litoral catarinense para encontrar os amigos. Também tirei uns dias para assistir a uma prova de Fórmula 1 com meu pai, Alfredo, nos Estados Unidos. Nós dois somos apaixonados por velocidade e foi maravilhoso – havia tempos eu pensava em retomar esses encontros com ele, meu grande parceiro das tardes nos autódromos do Sul. As viagens me revigoraram. Lembrei-me da minha mãe, Heloísa, que sempre insistiu para que eu aproveitasse mais a juventude. Ela morreu de câncer, aos 61 anos, em 2015. Ainda a ouço dizendo que a vida não é só trabalho. Estou perto dos 40 e acho que é realmente a hora de me preocupar um pouco mais comigo, com minha saúde e me divertir com minha família.

Sempre tive o sonho de tirar um sabático (aliás, nove entre dez pessoas que trabalham no mercado financeiro têm o mesmo sonho), então propus a Thainá uma "volta ao mundo". A ideia era conhecer, em um ano, todos os países que tínhamos vontade, sem parar, sem voltar para casa. Pelas minhas contas iniciais, seriam 40 países. "Preparada para esse ritmo alucinante?", perguntei a Thainá, um tanto desconfiado da reação. Afinal, para as mulheres é sempre mais complicada a organização de uma viagem, sobretudo uma turnê como essa. De início, ela se assustou com a proposta. Mas pouco tempo depois já estaria acostumada à ideia de encarar a aventura. Em março de 2016, embarcamos para a Nova Zelândia, o ponto de partida da expedição global. Foram 120 cidades, uma média de três dias por hotel/cidade, uma maratona de experiências e reflexões. Thainá foi uma parceira incrível de viagem. Nossa aventura rendeu até um livro, assinado por nós dois: *Volta ao mundo – 407 dias em 42 países*, lançado no início de 2017. Rendeu também boas ideias de negócios, pois algumas semanas antes de em-

> **Gosto de criar, mas me realizo principalmente com a execução dos projetos. É isso o que me motiva. Buscávamos a chance de um dia olhar para trás e nos orgulhar do que fizemos.**

barcar concluí que não teria como ficar um ano sem trabalhar. Decidi que dedicaria alguns dias em cada país para entender o ambiente de negócios. Visitei pelo menos uma centena de startups, aceleradoras, coworkings e fiz muitos contatos pelo mundo. Perguntei muito, me surpreendi com diversas situações, enchi cadernos com anotações. Talvez você ache loucura gastar horas de uma viagem como essa pensando em negócios. Mas aprender e empreender também é meu hobby. Eu não consigo me desligar completamente – minha mãe sabia disso, por isso insistia nos pedidos para que eu me divertisse.

Essa fixação por empreender talvez venha do meu histórico familiar. A família do meu pai tinha vários negócios bem-sucedidos: empresa de importação de cereais, máquinas agrícolas, indústria de conservas e concessionárias de automóveis. Mas todas as empresas quebraram por conta das maluquices econômicas no Brasil dos anos 1980. Logo que eu nasci, as coisas ficaram bem difíceis. Depois de algum tempo, meu pai se restabeleceu como executivo e conseguiu nos dar uma boa condição financeira, sem luxo, mas com tudo de que precisávamos para vencer na vida. Sua grande preocupação era a educação dos filhos – mesmo nos períodos mais difíceis, ele conseguiu me manter no colégio Farroupilha, um dos melhores da cidade. Eu precisava retribuir o esforço de meus pais: entrei em Administração de Empresas na Universidade Federal do Rio Grande do Sul. E meti na cabeça que iria "sonhar grande", queria realmente construir algo relevante. Mas não na indústria tradicional. Naquela época, eu já pensava no mercado financeiro.

Ou melhor, desde os 15 anos, eu pensava no mercado financeiro, tudo por causa da minha avó Gladys. Quando meu avô morreu, no fim da década de 1970, ela separou algum dinheiro da pensão e comprou ações da Varig e da Brahma, provavelmente aconselhada por algum amigo da família, pois, até então, minha avó nunca tinha se envolvido com investimentos. Todo neto que fazia 15 anos ganhava ações de presente da vó Gladys. Meus dois primos foram agraciados com os papéis da Brahma, que virou a bilionária Ambev. Eu fiquei com o da Varig, que quebrou. Sorte a deles. E sorte a minha também, pois fiquei curioso com aquele negócio de mercado acionário e passei, nos anos seguintes, a me dedicar ao assunto. Todos os dias, eu folheava os jornais para acompanhar as cotações. Não só com o olhar de investidor: o sonho era algum dia trabalhar com aquilo, um universo que me fascinava.

Aos 19, arrumei emprego na Sonae, uma rede portuguesa que havia comprado diversos supermercados no Sul. O sonho do mercado financeiro poderia esperar um pouco – eu tinha que me sustentar, afinal. Trabalhava de dia, estudava à noite. Alguns anos depois, virei gerente. Um cargo bacana na época, encarnadaço. Fiquei sete anos na empresa, sendo que, no sétimo, a Sonae já atendia pelo nome de Walmart. A gigante americana estava entrando com tudo no Brasil, comprando redes já consolidadas. Vi ali uma baita oportunidade de crescimento profissional.

Na época, eu era gerente nacional de abastecimento. Como falava inglês, me dispus também a acompanhar os executivos americanos que vinham ao Brasil fazer integração com a equipe local. Comecei a liderar aquele negócio, a ficar conhecido na cúpula. Até que 2006 chegou. Não fazia nem um ano da compra da Sonae pelo Walmart e eu tirei férias. Minha ideia era viajar para a Califórnia, mas decidi incluir o Arkansas no roteiro, mais precisamente a cidade de Bentonville, sede do Walmart. A direção da empresa adorou, claro, e montou um programinha de treinamento. Os colegas quase não acreditavam. Alguns passavam no corredor e sacaneavam: "Tu que vais tirar férias em Bentonville? É sério?". Devo dizer que em Bentonville realmente não há nada para se fazer a não ser... visitar o headquarter da então maior empresa do mundo. Era exatamente isso o que eu queria.

FOI SENSACIONAL! Vi toda aquela estrutura gigantesca funcionando perfeitamente. A equipe engajada mesmo. Participei do Saturday Morning Meeting, um encontro com o presidente, VPs e diretores. Conheci todo mundo. Um dos diretores se aproximou e disse que vinha acompanhando com grande interesse o meu trabalho no Brasil e que, se eu quisesse, ele podia falar com meu chefe e arrumar uma transferência para os Estados Unidos. Quase não acreditei no que eu estava ouvindo. Imagine para um garoto em começo de carreira ter a oportunidade de trabalhar no QG da maior companhia do mundo. Seria como ser convidado para se juntar, hoje, ao time da Amazon. Um sonho!

Mas havia um "problema": a minha paixão pelo mercado financeiro, além da minha obsessão pelo empreendedorismo. Na minha época de Sonae, eu, Pedro e Luiz já tocávamos o nosso clube de investimentos, o UpHill. O negócio estava evoluindo. Já havíamos feito até uma parceria com uma empresa iniciante em Porto Alegre, a XP. Àquela altura, pouco antes da viagem para Bentonville, o valente e promissor UpHill completava seis meses de operação, dentro da XP.

Às vésperas de meu embarque para os Estados Unidos, Rossano Oltramari, um dos sócios da XP (e também meu colega de pós-graduação em finanças na UFRGS, além de um grande amigo), me chamou e disse que outro sócio, o Julio Capua, queria conversar comigo. Resumindo o papo: a empresa estava montando uma gestora de recursos e ele queria que eu tocasse a área comercial da nova unidade, sem abrir mão do Uphill, claro. O salário era de R$ 5 mil, durante seis meses, e depois os meus rendimentos viriam de um percentual do lucro gerado pela gestora. Se não houvesse lucro, eu não ganharia nada. Se as coisas saíssem como o planejado, eu poderia virar sócio rapidinho. Sem saber, eu estava diante de uma partnership pela primeira vez, assumindo riscos e compartilhando benefícios. Era um pouquinho menos do que eu ganhava no Walmart, mas eu topei. Dei "fechado" com a XP.

Lembro-me de que era uma sexta-feira à tarde. Meu voo seria no domingo. Apertei a mão do Julio. Apertei a mão do Marcelo Maisonnave, outro sócio. Não assinamos nada. Marcelo me disse: "Parabéns, cara, tomou a decisão mais importante da tua vida".

Viajei.

Ao voltar de Bentonville eu tinha, portanto, dois convites. E um enorme dilema. Deveria cumprir minha palavra e embarcar no meu sonho pessoal ou aproveitar a maior oportunidade profissional da minha vida? Viver nos Estados Unidos, trabalhando na base de uma potência mundial ou ficar em Porto Alegre em um escritório de 25 metros quadrados? Enfim, tinha diante de mim a velha questão de trocar o certo pelo duvidoso.

Acontece que a equação não é tão simples quanto parece. Havia um fator difícil de ser desprezado: o meu sonho. Que era trabalhar no mercado financeiro. Se era para me arriscar, que fosse aos 20 e poucos anos. Além do mais, para quem tinha um clube de investimentos em ações, o risco era um companheiro de trabalho. Meus amigos diziam que era loucura trocar o Walmart pela... "Como é mesmo o nome da empresa?". Muitos familiares também tinham dúvidas, exceto minha mãe, que apenas comentou: "Faz o que tu achas melhor, o que o teu coração manda". Fiz.

Poucos minutos antes de dar a notícia a meu chefe, eu suava frio. Era um nervosismo de ir ao banheiro vomitar. O corpo doía, a cabeça rodava a mil por hora. E se eu estivesse fazendo a maior cagada da minha vida? Não importava. Respirei fundo, encarei o chefe e ouvi o esperado: "Tá maluco, Glitz? Vai trocar o Walmart pelo mercado de ações? Isso aí é gangorra, sobe e

Deveria cumprir minha palavra e embarcar no meu sonho pessoal ou aproveitar a maior oportunidade profissional da minha vida?

desce, alto risco. Aqui você tem perspectiva de carreira". Ele tentou me convencer a rever a decisão. Respondi que não. Tinha dado a minha palavra e ia cumprir o combinado.

Fechei a porta do Walmart e entrei na história da XP.

Foi uma década altamente produtiva. Com reveses, é claro, mas com um monte de conquistas. Lembro-me, no início, de ter vendido tudo o que tinha, de ter me endividado para comprar ações da empresa e de, enfim, ter me tornado um sócio relevante. Também me orgulho, particularmente e sem falsa modéstia, de ter sido um dos protagonistas de importantes viradas, como a que transformou a corretora em um shopping de investimentos – uma alternativa importante pós-crise de 2008 convertida, anos depois, na plataforma que levaria a XP a um crescimento vertiginoso e que mudaria toda a indústria financeira brasileira. É gratificante ver o resultado e lembrar que eu briguei muito para implementar esse modelo de negócios. Durante muito tempo, fui voz isolada a favor do shopping financeiro – havia grande resistência da empresa e mesmo do mercado em acreditar naquela indústria de oferta ampla e margens baixas, quando comparadas à corretagem cobrada na compra e venda de ações. Para distribuir os primeiros fundos de investimento, foi um sufoco...

Hoje, a diversidade de produtos é padrão nas principais corretoras do país. Posso dizer, sem medo de errar, que o shopping de investimentos da XP foi o grande pilar de disrupção do mercado. Também guardo com grande carinho os sonhos compartilhados de nossa equipe e as frases de efeito que embalavam as reuniões gerais. Em uma delas, eu mesmo me encarreguei de exortar o time ao Olimpo: "Seremos maiores que o Itaú", disse, depois de termos atravessado a maior crise da nossa trajetória. Jamais poderia prever que, um ano e meio depois de minha saída, a XP faria parte do Itaú. Em vez de combatê-la, o banco preferiu comprá-la.[5] O Olimpo, afinal, não estava tão longe.

Para mim, era a hora de mirar outro olimpo.

MARCELO MAISONNAVE

Foi nos acréscimos, lá pelos 48 minutos do segundo tempo. Uma bola alçada na área e Sérgio Ramos, de cabeça, empatou o jogo para o Real Madrid, contra o Atlético. Lembro-me perfeitamente do lance, pois estava nas cadeiras do estádio da Luz, em Lisboa, bem em frente à cobrança de escanteio. A partida seguiu para a prorrogação e o Real aplicou, nos 30 minutos restantes, uma surra no rival, conquistando seu décimo título da Liga dos Campeões. Que jogo inesquecível! Aliás, aquela semana toda tinha sido inesquecível. Dias antes da final da Champions eu estava nas quadras de Roland Garros acompanhando Djokovic, Nadal, Tsonga, Thiem, Sharapova e Serena. Um fim de maio de 2014 para circular em vermelho no calendário. E, dali a algumas semanas, ainda haveria a Copa do Mundo no Brasil... Para quem gosta de esportes e viagens, como eu, foi uma temporada perfeita.

---

5 EXAME. *A XP vai desafiar o Itaú, seu principal sócio?*. Disponível em: <https://exame.abril.com.br/negocios/a-ambicao-da-xp-para-se-tornar-lider-em-investimentos/>. Acesso em: 12 jun. 2019.
GALEMBECK, Flavia; GRADILONE, Cláudio. "XP: Venda ao Itaú leva Guilherme Benchimol ao topo do mundo". *IstoÉ Dinheiro*, 12 maio 2017. Disponível em: <https://www.istoedinheiro.com.br/xp-venda-ao-itau-leva-guilherme-benchimol-ao-topo-mundo/>. Acesso em: 12 jun. 2019.

Minhas segundas--feiras eram ruins, e isso diz muito sobre meu estado de espírito naquele momento. Era a hora de começar outro jogo com outras motivações e novos propósitos.

No início daquele mês de maio, também nos acréscimos, eu havia deixado a XP Investimentos, empresa que fundei em 2001. Digo que foi nos acréscimos porque eu já vinha amadurecendo, desde 2012, a ideia de passar uma temporada fora do país, estudar, aproveitar um pouco mais a vida ao lado da minha família, proporcionar uma nova experiência aos meus filhos. A alucinante rotina do mercado financeiro não me encantava mais como antigamente – minhas segundas-feiras eram ruins, e isso diz muito sobre meu estado de espírito naquele momento. Era a hora de começar outro jogo, em outro país, com outras motivações e novos propósitos. Maio de 2014 também ficou marcado em meu calendário como início de uma jornada de transformações.

Devo dizer que sou privilegiado. Tive a sorte de nascer em uma família que me deu acesso a tudo na infância e na juventude. Meu pai era herdeiro e executivo de um grande grupo, dono de uma cadeia de supermercado no Rio Grande do Sul e das maiores áreas de plantação de arroz no Brasil. A família de minha mãe controlava o Banco Maisonnave, também um símbolo do Sul, mas que acabaria liquidado pelo Banco Central em 1989. Fui bom aluno, estudei em boas escolas e me formei no ensino médio com 16 anos. Entrei na faculdade de Engenharia aos 17. Um ano depois, decidi que meu negócio era Economia, prestei vestibular e ingressei na PUC-RS em terceiro lugar. Quando terminei a faculdade, passei uma temporada nos Estados Unidos, onde pude lapidar o inglês e fazer especialização em finanças. Queria trabalhar no mercado financeiro.

Tive uma chance na financeira PortoCred, de Porto Alegre. Lembro-me da primeira entrevista de emprego, em que quase caí da cadeira quando a secretária me avisou que o dono queria falar comigo. "O dono?", perguntei. "Para falar com um recém-formado?". Ela confirmou. Entrei na sala quase pedindo desculpas. O figurão me cumprimentou com um rápido aceno de cabeça, pediu que eu me sentasse, deu uma baforada no charuto e disse, em tom solene: "Garoto, seu tio me deu a primeira oportunidade na vida, de trabalhar na mesa de renda fixa do Banco Maisonnave. Estou pagando a minha dívida. Seja bem-vindo". Ali, começou minha carreira financeira. Anos depois, fui contratado por outra corretora, também de Porto Alegre: a Diferencial. Guilherme Benchimol, em começo de carreira, se juntaria ao nosso time nas semanas seguintes. Viramos amigos e sócios em um sonho: criar uma corretora de investimentos, à qual demos o nome de XP.

Foram treze anos intensos em que me diverti demais, montei uma rede de relacionamentos, fiz amizades, aprendi muito, construí minha independência financeira. A XP continua sendo uma referência para o mercado financeiro, em particular, e para o empreendedorismo brasileiro, em uma análise mais ampla. Ouvi que Roberto Setubal, copresidente do conselho do Itaú, justificou a compra da seguinte forma: a XP é o maior caso de sucesso de uma startup no Brasil. Concordo com ele.

Quando voltamos da Europa, eu e Juliana, minha esposa, decidimos que, assim que a Copa do Mundo terminasse, nos prepararíamos para passar uma temporada fora do país. Nossa ideia era ir para a Costa Leste americana. Juliana gosta muito de Nova York, assim como eu. Combinamos de esperar apenas o melhor período letivo das crianças para começar a mudança. No início de 2015, desembarcamos nos Estados Unidos, com os termômetros marcando 12 graus negativos. Mas, em vez de nos estabelecermos em Nova York, optamos pela pequena Greenwich, em Connecticut, na fronteira entre os dois estados. De trem, seria possível chegar em 40 minutos a Manhattan. Moraríamos fora da efervescência da metrópole, mas perto o bastante para visitá-la.

Conheci Greenwich (se escreve como o meridiano, mas se fala *grénich*) nas minhas viagens de negócios. Na época da XP Securities, visitávamos muito a cidade, considerada a capital americana dos *hedge funds*[6] – as gestoras foram atraídas para a região por causa de um incentivo fiscal criado na década de 1970. Greenwich é linda, toda arborizada, às margens do estuário de Long Island Sound. De sua praia, de areia branca e mar gelado, se vê Manhattan. A qualidade de vida é excelente. Lembro-me, particularmente, da ruazinha principal, superchique, em que o guarda de trânsito usa luvas brancas. É quase uma Suíça dentro dos Estados Unidos. Eu voltava de lá e sempre dizia à minha esposa: um dia, vamos morar em Greenwich. O dia tinha chegado.

Estávamos ali para começar uma nova vida e ter uma experiência diferente em família. Seria bom para meus filhos, que aprenderiam outro idioma; para Juliana, que sempre amou aquela região; e principalmente para mim, louco para desligar o botão de "intensidade máxima" do mercado financeiro. Eu queria fazer uma higiene mental, reduzir o ritmo. E, em boa parte do tempo, conseguia essa paz desejada. Mas havia os churrascos e jantares de fim de semana na casa dos vizinhos. Aquilo era um problema. Muitas pessoas que moravam em Greenwich, a capital das finanças, trabalhavam em banco. Não é preciso muito esforço para imaginar qual era o "prato principal" desses encontros: discussões sobre oferta pública, debêntures, mercado, volatilidade, banco, banco, banco... Chato demais. Eu

---

6 Fundos de multimercado ou de investimento livre, fogem aos modelos tradicionais e os graus de risco são variados.

ouvia e ficava calado, pensando na vida. Não queria mais saber daquilo – até porque tinha assinado com a XP um acordo de não competição pelos dois anos seguintes. Portanto, aquelas conversas, além de desinteressantes, eram infrutíferas. Comecei a perceber que, se realmente desejasse um novo estilo de vida, precisaria passar por novas mudanças.

Apesar dos churrascos temperados com debêntures – que graças a Deus eram esporádicos –, o período em Connecticut foi muito bom. Curti muito, peguei frio, peguei praia, relaxei. Meus filhos se divertiram, aprenderam um bocado. Juliana estava feliz. Tudo certo, dentro do figurino. Só que – e sempre tem o "só que" – a necessidade de me mexer de novo e um sentimento de vazio começaram a me incomodar ainda mais. O Marcelo que gostava tanto daquele mundo de número e relatórios já não se empolgava como antes com tudo aquilo, e a vida naquela cidade parecia trazer meus conflitos à tona um momento após o outro. Então, lembrei-me de uma conversa que tive com Gustavo Muller, ex-companheiro de XP, em que ele mencionava, com entusiasmo, a Singularity University. Entrei no site da universidade sem saber direito o que iria encontrar. A página principal dizia: "Preparando líderes globais e organizações para o futuro". Gostei e me inscrevi.

Voei, sozinho, em junho de 2015, para a Califórnia. Eu já tinha morado em San Diego, em 1999. Minha lembrança da região era ok, nada espetacular: boa qualidade de vida, um calor tremendo no verão, pessoas mais blasé e praias bacanas. Não havia aquele burburinho do Vale do Silício. Mas dessa vez foi diferente! Desci no aeroporto de São Francisco e, no caminho para a Singularity, vi passar um veículo autônomo do Google. Era outra Califórnia, definitivamente. Quando cheguei à universidade, ouvi as pessoas falando em inteligência artificial, *machine learning*, robótica, automóveis elétricos e autônomos, energia solar, melhorias genéticas que vão permitir ao homem viver 400 anos, chips ultravelozes, nova sociedade e novos modelos de negócios, o impacto da tecnologia no mundo... Em poucos dias, eu já estava vivendo aquele ecossistema do Vale do Silício: tudo mui-

> **Eu queria ouvir mais, saber mais, contribuir com aquele novo mundo. Era até difícil de dormir, de tanta ansiedade, de tanta oportunidade que eu via.**

to intenso e com muito conteúdo disponível. Dois dias depois, liguei para minha esposa e falei: "Esqueça Greenwich. O mundo é aqui, vem pra cá". Juliana, que é uma pessoa especial, sem ver nada do que eu estava vendo, respondeu: "Ok, vambora".

Nos despedimos da Costa Leste e alugamos uma casa em Palo Alto. Minha vida se transformou. Em tudo. Mudei meu jeito de pensar, de encarar a vida e até de me vestir. Eu, que sempre gostei de carros velozes, fascinado pela engenharia alemã da Mercedes, hoje não tenho automóvel. Troquei meus sapatos Ferragamo e os trajes sociais por tênis e jeans. Passei a comer menos carne. A olhar para questões como energia e sustentabilidade de maneira diferente. A falar mais de propósito e de impacto do que de lucro. As coisas, aos poucos, foram fazendo sentido. Eu queria ouvir mais, saber mais, contribuir com aquele novo mundo. Era até difícil de dormir, de tanta ansiedade, de tanta oportunidade que eu via.

As segundas-feiras voltaram a ser boas. E isso diz muito sobre o meu atual estado de espírito.

PIZZA SIZE, GARAGEM E PROPÓSITO

2

(RECONSTRUINDO O MINDSET)

MARCELO MAISONNAVE

A Califórnia sempre foi um estado acolhedor, multicultural, de modo que minha família não teve nenhuma dificuldade de adaptação à nova vida. E Palo Alto, onde decidimos morar, confirma essa fama calorosa (e calorenta também: o verão é bem quente e seco) da região. Eu e Juliana aproveitamos aquele final de junho de 2015 para cuidar das questões de praxe, como a montagem da casa e a escolha da escola para as crianças. Em pouco tempo, estávamos devidamente acomodados. O que foi ótimo, porque pude estruturar o meu dia a dia para me concentrar inteiramente em meu objetivo, que era absorver todo o conhecimento do Vale do Silício.

No meu tempo livre, eu procurava participar de conferências e seminários sobre os grandes temas do momento. O Vale tem eventos semanais sobre o que você quiser: inteligência artificial, tecnologia aplicada às finanças, futuro do trabalho, *deep learning*, empreendedorismo... A capacidade de compartilhar experiências práticas torna aquele universo único. Acho até que esses eventos estão à frente dos estudos de caso de universidades como Stanford e Harvard, por exemplo. Por uma questão simples: ali, nos palcos da Califórnia, a história é contada em tempo real. Não há literatura pregressa sobre o assunto, não há compilação de resultados anteriores para análises comparativas, simplesmente porque a cada dia há um novo jeito de fazer algo até então impensável. É o futuro sendo escrito naquele momento. E isso é fascinante.

É possível ver o CEO de uma startup abrir uma palestra dizendo que nas últimas duas horas adquiriu milhares de clientes porque realmente dá importância à satisfação dos usuários de seu aplicativo financeiro. Para quem ouve pela primeira vez, pode soar como estratégia marqueteira – até a pessoa detalhar as ferramentas e dados que utiliza para detectar, com extrema precisão, os hábitos e desejos do consumidor. Em outro encontro, ouve-se um *head* de marketing da Uber batendo na mesma tecla, ao contar como aprendeu a entender os passageiros, aperfeiçoando, diariamente, um sistema capaz de "escanear" todos os anseios de quem utiliza os seus veículos. O tal foco no cliente, termo tão desgastado quanto óbvio – afinal, qual empresa não tem como objetivo satisfazer quem está na ponta compradora? –, ganha, naquele universo, um novo sentido. Sim, é possível aprimorar a conexão direta com o seu público-alvo a ponto de oferecer um produto praticamente customizado – como se a empresa estivesse apenas a serviço daquele indivíduo. São os níveis de personalização beirando o estado da arte. O Vale vira do avesso as nossas crenças.

Em um raio de 20, 30 quilômetros estão as empresas mais valiosas do mundo, os melhores cérebros, a turma que vem ditando novos conceitos e padrões de comportamento. Um ecossistema capaz de mudar a forma como se faz negócio e como se pensa o empreendedorismo. É a tecnologia no centro. A informalidade nos processos. A tomada rápida de decisão. A estrutura enxuta e ágil o bastante para acompanhar as inovações e deixar para trás um punhado de concorrentes. Uma frase famosa no Vale, atribuída a Mark Zuckerberg, dono do Facebook, é: "Mova-se rapidamente. Se você não estiver quebrando coisas, não está se movendo como deveria".

O Vale vem quebrando coisas, definitivamente.

Pense nas indústrias fonográfica e fotográfica, na mídia, nos bancos, no varejo, na indústria automobilística... Todos eles tiveram que jogar fora o manual e buscar novas maneiras de conquistar um consumidor cada vez mais conectado, mais infor-

Cada dia há um novo jeito de fazer algo até então impensável. É o futuro sendo escrito naquele momento. E isso é fascinante.

mado e mais exigente. Já imaginou a preocupação do setor de seguros com o advento do carro autônomo e dos novos modais de mobilidade urbana, muito mais seguros? E as empresas de autopeças, observando a ascensão da impressão 3D? O conceito de logística e de estoque de produtos vai mudar, porque será possível imprimir as peças sob demanda e sem a necessidade de grandes estruturas – a Boeing já providenciou, em alguns aeroportos, uma impressora 3D para produzir as principais peças de reposição de suas aeronaves[7]. Imagine a economia com logística. Considere também o seguinte: um carro tradicional, movido a gasolina, tem atualmente cerca de 2 mil peças móveis sob o capô. Um veículo elétrico da Tesla, empresa de Elon Musk, tem 20 (o desafio de Musk, agora, é ganhar escala)[8]. Será

---

7 VINHOLES, Thiago. "Em mais um investimento, Boeing agora aposta em impressão 3D para aviação". *Ariway*, 23 abr. 2018. Disponível em: <https://airway.uol.com.br/em-mais-um-investimento-boeing-agora-aposta-em-impressao-3d-para-aviacao/>. Acesso em: 22 maio 2019.

8 "ELECTRIC vehicles will soon be cheaper than regular cars because maintenance costs are lower, says Tony Seba". *CNBC*, 14 jun. 2016. Disponível em: <https://www.cnbc.com/2016/06/14/electric-vehicles-will-soon-be-cheaper-than

que as montadoras precisarão, no futuro, de uma cadeia gigantesca de fornecedores?

E por falar em carro, eu sempre gostei em especial da engenharia alemã da Mercedes. Imagine todas as evoluções mecânicas e técnicas em um veículo ao longo da história e você sempre verá a estrela de três pontas liderando esse processo. Então, vem o senhor Musk, um sul-africano que fundou o PayPal, e faz um carro que anda mais, é mais bacana, tem menos peças, é amigável ao meio ambiente e recebe atualizações mensais em seus sistemas – como um *firmware* de um smartphone. O Tesla é isso, um computador com rodas, um iPhone que anda. Lá no Vale, desdenham das montadoras alemãs que insistem em colocar mais computadores a bordo de um carro. A lógica é inversa: coloque rodas em um computador. Percebe a diferença? A nova revolução industrial está em curso e quem não se adaptar a ela corre o sério risco de ficar pelo meio do caminho.

O que estou dizendo é que será cada vez mais comum vermos *outsiders* ditando os novos padrões. As empresas tradicionais não serão mais ameaçadas pelos concorrentes conhecidos. Seu maior problema é detectar de onde vem o "tiro". Pode vir de uma startup de três engenheiros do Vale. Ou de uma cooperativa tecnológica da China. Ou de um empreendedor que trabalha sozinho em um coworking de Israel. Não importa: sempre haverá alguém à espera de uma pequena lacuna do mercado para preenchê-la, geralmente com uma solução mais simples, mais rápida e bem mais barata. Em entrevista à revista *Época Negócios*,[9] em 2017, João Pedro Paro Neto, presidente da Mastercard, deu o tom das mudanças, falando sobre concorrência assimétrica e transversal: "Eu não sei qual é o mercado do futuro e nem quem será meu concorrente, mas tenho de estar lá. O que virá pela frente é alguma coisa que conhecemos muito pouco. E estou certo de que esse é um problema que aflige diversos se-

regular-cars-because-maintenance-costs-are-lower-says-tony-seba.html>. Acesso em: 22 maio 2019.
9 "UMA conversa sobre transformação nas empresas com o CEO da Mastercard". *Época Negócios*. Disponível em: <https://epocanegocios.globo.com/palavrachave/joao-pedro-paro-neto/>. Acesso em: 16 abr. 2019.

tores da economia. Todos terão de se adaptar, se reinventar de alguma forma. A fama e os bons resultados do passado não são mais garantia de nada".

Esse dilema entre a preservação do *statu quo* e a aposta no novo é um tema que sempre vai frequentar as mesas de reuniões das grandes companhias. Se antigamente elas sabiam de cor como combater sua dezena de concorrentes, monitorando cada passo deles, hoje se tornou praticamente impossível prever, acompanhar e produzir antídotos para as centenas de empresas capazes de ameaçar alguma parte de seu negócio. Seus rivais se multiplicaram como gafanhotos.

Klaus Martin Schwab, em seu livro *A quarta revolução industrial*, alerta: "Estamos a bordo de uma revolução tecnológica que transformará fundamentalmente a forma como vivemos, trabalhamos e nos relacionamos. Em sua escala, alcance e complexidade, a transformação será diferente de qualquer coisa que o ser humano tenha experimentado antes".[10]

E o campo inicial de provas para essa nova ordem global não poderia ser mais propício. A Califórnia é um lugar especial, historicamente. Foi na revolucionária São Francisco que ocorreram as maiores manifestações contra a guerra do Vietnã. Foi lá também que surgiram os grandes empreendedores da corrida do ouro, que mudaram a história americana. É uma região, portanto, com vocação progressista, algo que se estende até os dias de hoje. São pessoas com uma cabeça diferenciada, aberta, que usam carro elétrico, reciclam, preferem bicicleta, defendem o movimento LGBTQI+, detestam a política isolacionista de Donald Trump, pregam a liberdade irrestrita, são apaixonadas por inovações... Se a Tesla decidiu testar seus carros elétricos ali foi pela simples razão de que as pessoas estão abertas ao novo. O mesmo motivo fez a Uber experimentar, na região, a entrega de comida por *drones* e a Comissão de Energia exigir que as construtoras coloquem painéis solares na maioria das residências

---

10 PERASSO, Valeria. "O que é a 4ª revolução industrial – e como ela deve afetar nossas vidas". *BBC*, 22 out. 2016. Disponível em: <https://www.bbc.com/portuguese/geral-37658309>. Acesso em: 12 jun. 2019.

novas a partir de 2020 – medida com grande aprovação popular."[11] Na abertura de seu livro *Audaz – As cinco competências para construir carreiras e negócios inabaláveis nos dias de hoje*, meu amigo Mauricio Benvenutti, um dos maiores especialistas em inovação que conheço, descreve, com leveza, sua rotina imaginária (ou nem tanto) em um futuro breve na Califórnia, que me permito adaptar e resumir aqui:

> *O ano é 2030. Moro em São Francisco, casado e com filhos. Não tenho carro nem casa, simplesmente porque não preciso acumular bens. Aliás, as pessoas deste 2030 precisam ter pouca coisa, porque acessar é bem mais importante do que possuir. E usufruir tem mais valor do que comprar, já que boa parte do que era considerado produto virou serviço. A internet é gratuita. O custo da energia tornou-se marginal. As impressoras 3D existem praticamente em todos os lugares. Robôs e inteligência artificial passaram a fazer parte da rotina pessoal e profissional da maioria da população. Mudaram as relações sociais, comerciais, o modo de produção, a geração de riqueza. O mundo caminha para um outro estágio, em função da maior acessibilidade, diminuição de custos e convergência tecnológica, democratizando praticamente tudo.*

Morei dois anos em Palo Alto, respirando toda essa atmosfera inovadora. Meu vizinho de rua era um israelense que vendeu uma empresa para Mark Zuckerberg. O pai de uma amiga da minha filha era um sujeito com PhD em Yale que trabalhava na precificação dinâmica dos anúncios do Facebook. Morando na casa em frente à minha, um engenheiro formado em Stanford de 32 anos me contou que atuou com Steve Jobs no projeto da Apple Store. Outro vizinho era um indiano que trabalhava na Intel fazendo comunicação óptica entre microchips. Na minha

---

11 CHEDIAK, Mark, GOPAL, Prashant e ECKHOUSE, Brian. "Califórnia passa a exigir energia solar em novas residências". UOL, 15 maio 2018. Disponível em: <https://economia.uol.com.br/noticias/bloomberg/2018/05/10/california-passa-a-exigir-energia-solar-em-novas-residencias.htm>. Acesso em: 22 maio 2019.

cabeça, o microchip de que ele falava devia parecer, sei lá, de um chip de celular, e eu quis saber, curioso, qual era o tamanho. Ele sorriu, apertou o dedo indicador contra o polegar e disse: "Do tamanho da ponta de um alfinete". Ele fazia comunicação óptica naquele treco! Lá, se convive no estado da arte, o tempo todo.

Meus dias, portanto, eram uma pós-graduação constante. Havia a universidade, os eventos e o poderoso networking que o Vale proporciona. E, lá, essa história de rede de contatos é levada muito a sério. Se uma pessoa indicou outra a alguém, esse alguém vai recebê-la. Faz parte da cultura local de fomento ao empreendedorismo. Claro que o encontro tem de ter conteúdo, e isso, eu tinha para levar: além da minha especialização em finanças, havia o meu conhecimento de Brasil. Sem contar que eu era um potencial investidor das startups que estavam nascendo ali – o que tem um poder impressionante de abrir portas.

Desse networking nasceram encontros memoráveis. Por exemplo, com Sebastian Thrun, chefe da cadeira de Inteligência Artificial de Stanford, um dos grandes responsáveis pelos projetos do Google Car e do Google Glass. Thrun foi considerado uma das pessoas mais criativas nos negócios pela revista *Fast Company*.[12] Hoje, é dono de uma empresa de educação on-line, a Udacity. Outra conversa inesquecível foi com o professor Salim Ismail, fundador da Singularity, uma das mentes mais iluminadas que conheci. Ele é autor do livro *Organizações exponenciais*, e um dos mais bem pagos consultores do mundo. Foi do professor Ismail, em uma conversa regada a vinho e discussões filosóficas, que ouvi o conceito de *"pizza size"*, a metáfora perfeita para exemplificar o espírito das novas organizações: a reunião de um grupo pequeno de amigos (oito "fatias") para dividir os mesmos sonhos e o mesmo propósito. Dito de outra forma, o *pizza size* ensina que a medida do sucesso não precisa ser mais uma grande sede nem a imensa estrutura das empresas tradicionais. É a história da simplicidade versus a opulência. Da agilidade nas decisões e na execução contra o excesso de pro-

---

12 SEBASTIAN Thrun. *Fast Company*. Disponível em: <https://www.fastcompany.com/3018411/5-sebastian-thrun>. Acesso em: 22 maio 2019.

cessos e etapas. Enfim, a cultura de garagem como pilar do novo empreendedorismo.

Saí da conversa com uma certeza: eu só quero *pizza size*, propósito e garagem. A partir de agora, esse trinômio é a minha medida de sucesso.

Quando falamos de estruturas enxutas e velozes, estamos, na verdade, nos referindo à quebra de barreiras proporcionada pela tecnologia, às significativas mudanças estruturais que facilitam a entrada de novos *players*. Durante minha estada em Palo Alto, não eram poucas as vezes em que eu esperava as crianças e Juliana dormirem, abria o notebook e varava as madrugadas estudando, pesquisando novos modelos de negócio e de parcerias nesse mundo altamente conectado. No Vale, fala-se em mais de 5 bilhões de mentes interligadas pela plataforma de smartphones, o que eleva exponencialmente o networking, catapultando o que se convencionou chamar de inovação aberta a patamares jamais vistos. O efeito acelerador disso é impressionante. Com a tecnologia, eu consigo acessar um fórum, um grupo de discussão, que me permite utilizar mentes da África do Sul, da China, de Israel. Em minhas pesquisas na madrugada, deparei-me com o GitHub, uma plataforma de hospedagem de código-fonte que permite que programadores cadastrados possam contribuir em diversos projetos. Imagine só: você tem um projeto e precisa, por exemplo, de uma linha de programação para reconhecimento de imagem. Um *coder* do GitHub faz esse trabalho e vocês combinam a remuneração.

O que estou dizendo é que caíram as fronteiras. O talento pode estar em qualquer lugar e qualquer um pode ter acesso a ele. Percebe a mudança significativa desse movimento? É a democracia digital alçada à enésima potência. Eu posso estar em um sobrado em Porto Alegre, em uma garagem em Mumbai ou nas salas da Singularity. Não importa. Publico o meu trabalho, os outros *coders* analisam e dão notas. "Pô, você é sensacional, vou te indicar." *Open source* na veia: eu deixo lá para quem quiser usar. Aí, fico ranqueado como o melhor programador de imagem. De repente, um gigante como o Google diz: "Vem tra-

> **O *pizza size* ensina que a medida do sucesso não precisa ser mais uma grande sede nem a imensa estrutura das empresas tradicionais.**

balhar para mim". E trabalhar para a empresa não significa necessariamente desembarcar de mala e cuia em Mountain View, mas talvez ficar onde se está, por exemplo, em um coworking na Tailândia, de bermudas e chinelo, desenvolvendo códigos para o Google, ganhando em dólares e gastando na moeda local, o baht. Um grande negócio. É a inovação fluindo, em escala global.

Junto vem o acesso mais democrático ao empreendedorismo. Com a computação na nuvem e a crença na Lei de Moore – que diz que a capacidade computacional do microchip vai dobrar a cada 18 meses –, você pode criar um negócio sem necessariamente ter de despejar um caminhão de dinheiro na estrutura. Com mil dólares, compra cada vez mais computação. O empreendedorismo, portanto, ficou mais barato. Você tem acesso à informação, pessoas conectadas, canais de distribuição on-line, *cloud computing* para armazenar seus dados e gerir seu negócio. Hoje, é possível montar uma empresa de investimentos baseada nas nuvens. Aqui no Brasil, o Banco Central já autoriza um banco, uma corretora, a operar totalmente "na nuvem". Antes, a regulação exigia que uma instituição financeira tivesse servidores próprios. Caiu essa norma. Assim, eu posso entrar no mercado com investimento reduzido. Minha empresa será a minha inteligência e minha capacidade de me conectar. O resto é periférico.

Já estava me dando uma comichão de voltar aos negócios. Então, decidi que era hora de desplugar um pouco, interromper o ruído produtivo do Vale. Era evento toda semana, os insights da Singularity, as conversas particulares, os estudos de madrugada... Se eu não parasse, ficaria só naquele círculo, virtuoso, mas viciante. Precisava internalizar as informações e aplicá-las na prática. Voltar a empreender, afinal.

O mercado financeiro era o que fazia mais sentido para mim. Estávamos no fim de 2015 e, naquele momento, eu ainda não tinha uma empresa em mente, apenas a vontade de fazer algo diferente na área que eu dominava. Quem sabe um *business* que misturasse tecnologia e serviços financeiros de uma forma que facilitasse a vida do investidor. Foi quando me lembrei de uma conversa que tive com Tito Gusmão.

Tito havia trabalhado comigo na XP. É um especialista em finanças, além de ser aquele tipo de pessoa que faz acontecer, pragmático, um empreendedor desde sempre. Basta dizer que, aos 14 anos, ele montou uma empresa de "exportação e importação" com o irmão – na verdade, um website para vender produtos do Paraguai, que eles compravam toda quarta-feira enfrentando valentemente uma viagem de ônibus de 13 horas. "Nunca recebi mesada", ele me contou. "Se quisesse sair, comprar minhas coisas, eu tinha que me virar. Acabei tomando gosto por essa independência." Independência que lhe rendeu, quando adolescente, a fama de guru dos negócios entre os amigos, o conselheiro para os candidatos a donos do próprio nariz. Um desses amigos, guitarrista de sua banda de rock – o Tito é baterista –, mencionou, certa vez, a XP. Tito se interessou, foi lá ver do que se tratava e acabou ficando dez anos na empresa. Ah, sim: ele também montou uma banda de rock na corretora, que se apresentava no final do ano, com o sugestivo nome de The Bentures. Como se vê, Tito não é talentoso apenas nas finanças.

Mas eu falava da nossa conversa nos Estados Unidos. Pois bem. Tito estava em Nova York quando fui morar em Greenwich e nos encontrávamos com frequência. Em um desses encontros ele me falou do projeto da Warren, uma gestora de recursos que faz a interação com o usuário de forma totalmente digital, fácil de operar, disponível 24 por 7.[13] Disse que tinha um sócio, André Gusmão (também ex-XP), que já estava trabalhando no projeto. Fiquei com aquilo na cabeça, mas não podia fazer nada, pois estava cumprindo o prazo de *non-compete* que havia assinado com a XP.

Veio, então, 2016 e as coisas foram acontecendo naturalmente. No começo do ano, chamei o Tito e disse que entraria no projeto assim que minha limitação contratual permitisse, o que ocorreria em junho daquele ano. Sugeri levar a Warren para o Brasil, um mercado mais familiar e com menos concorrentes do que nos Estados Unidos. (Tito queria iniciar a empresa em Nova York.) Eu ajudaria com a regulação, um assunto de que entendo bastante, e na montagem da equipe. Negócio fechado. Entrei na Warren no prazo combinado, junho. Tito e André já haviam feito os primeiros movimentos em março – Tito nos Estados Unidos, André em São Paulo e um desenvolvedor, Rodrigo Grundig, na Europa (olha aí o fim das fronteiras!). A Warren entraria oficialmente no mercado no início de 2017.

Ao mesmo tempo que a parceria com o Tito começava a tomar forma, eu já me movimentava para outro projeto, a Monkey, nascida de uma história curiosa. No final de 2014, pouco antes de ir morar nos Estados Unidos, me encontrei com Gustavo Muller, um craque do mercado de capitais que havia trabalhado na XP entre 2010 e 2013. Muito do que aprendi sobre o assunto foi vendo o Gustavo trabalhar. Nessa conversa, falei dos meus planos de morar fora, relaxar e, como nunca conseguimos nos desviar dos assuntos relacionados ao mercado financeiro, mencionei, *en passant*, o caso de uma startup de New Orleans que havia criado uma bolsa de recebíveis. Chamava-se Receivables

---

13 EXAME. *O novo caminho dos ex-XP*. Disponível em: <https://exame.abril.com.br/negocios/o-novo-caminho-dos-ex-xp/>. Acesso em: 12 jun. 2018.

Exchange e fez tanto sucesso que acabou comprada pela Nyse (New York Stock Exchange). Era um *business* que tinha chamado a minha atenção.

Um ano e meio depois, em visita rápida que fiz ao Brasil, eu e Gustavo fomos almoçar no Maní, um restaurante em São Paulo. Ele, então, puxou três folhas de papel e apresentou o projeto da Monkey, muito parecido com o da startup de New Orleans. Não sei se ele se lembrava daquele papo antigo nem se aquilo o influenciou. O fato é que ouvi o *pitch* do Gustavo e disse: fechado. Nem perguntei qual seria o investimento. Ele replicou: "Como assim?". Repeti: "Fechado. Tô contigo, pode fazer". Dias depois, ele me trouxe o orçamento e aprovei. A Monkey trabalharia com crédito corporativo, desconto comercial, desconto de duplicatas. E faria isso de uma forma ágil, retirando intermediários do caminho e trazendo competitividade a um mercado dominado pelos grandes bancos. Este é o propósito de uma startup financeira: reduzir custos, burocracia e dar acesso a quem estava fora do mercado. Absolutamente com tudo alinhado dentro dos meus valores.

O ano de 2016 seria fértil como terra roxa. Não demoraria para aparecer uma terceira oportunidade: uma empresa de câmbio, a Bee, montada sob uma plataforma digital cujo objetivo seria simplificar a operação e também reduzir custos ao usuário. Pelo serviço de remessa on-line, ela permite que pequenos e médios negócios não dependam mais dos grandes bancos para fazer uma operação com moeda internacional. Gostei. Àquela altura eu já tinha em meu portfólio, portanto, uma fintech de investimento, uma de crédito, outra de câmbio.

Nesse meio-tempo, o Pedro Englert me apresentou a StartSe.[14]

Pedro estava no Vale desde o início de 2016. Assim como eu, também fez a Singularity, também foi a todos os eventos que

---

14 BENEVIDES, André. "O case StartSe, ou como uma plataforma quer criar uma ponte entre startups brasileiras e o Vale do Silício". *Projeto Draft*, 14 mar. 2017. Disponível em: <https://projetodraft.com/o-case-StartSe-ou-como-uma-plataforma-quer-criar-uma-ponte-entre-startups-brasileiras-e-o-vale-do-silicio/>. Acesso em: 12 jun. 2019.

podia e também varou madrugadas estudando. Mas, ao contrário de mim, sempre teve uma empresa em mente para viabilizar seu retorno ao mundo dos negócios. A StartSe era uma startup que ele mesmo havia acelerado na *InfoMoney* e que já não interessava mais à XP. Pedro viu ali a oportunidade de misturar tecnologia e educação, criando uma plataforma digital para conectar o ecossistema brasileiro de startups. Traduzindo: a StartSe seria a ponte entre empreendedores e potenciais investidores. O propósito de fomentar o empreendedorismo me agradou. E Pedro ainda me disse que Eduardo Glitz estaria no projeto, assim como Mauricio Benvenutti. Não foi difícil me convencer a incluir mais uma empresa na lista.

Enquanto isso, Glitz rodava o mundo. Em sua agenda, havia espaço para o que ele mesmo chamou de turismo produtivo: visitar coworkings, startups, centros de tecnologia. Eu, Pedro e ele nos falávamos quase todos os dias. Era impressionante a quantidade de ideias que Glitz garimpava em sua turnê empreendedora. Ele falava com entusiasmo das tecnologias empregadas na mobilidade urbana holandesa e alemã, e do avanço da indústria automobilística na Noruega – 35% dos carros vendidos no país são elétricos. Da Ásia, vieram as suas maiores surpresas. Por exemplo, o Vietnã, país com uma infraestrutura tecnológica impressionante e cuja economia vinha crescendo em ritmo chinês havia pelo menos uma década. Ele também se impressionou com os nômades digitais, como são conhecidas as feras de tecnologia que trabalham para empresas americanas e europeias, mas preferem rodar o mundo e viver em locais com alta qualidade de vida e baixo custo, como Chiang Mai, na Tailândia. As histórias se multiplicavam e eram inspiradoras. Em suas andanças, Glitz se deparou com um suíço que escolheu um coworking no Camboja para tocar uma startup. Sobre o motivo de trocar a Europa pelo Sudeste Asiático, o suíço respondeu com o pragmatismo dos novos empreendedores: "Só o fato de estar na Ásia me dá a certeza de que tenho, no mínimo, duas vezes mais velocidade do que do outro lado do mundo". As fronteiras acabaram. Essa é a primeira conclusão. A segunda: é bom ficar de olho na Ásia. Dali, sairão as novas empresas disruptivas.

Não por acaso o país que mais chamou a atenção de Glitz foi a China. É a terra das fintechs, o que, particularmente, nos interessava.[15] Ele mesmo conta a história:

> Encontrei um empresário chamado Zennon Kapron que é um dos maiores especialistas nas fintechs chinesas. Bastou uma conversa rápida no lobby do hotel em que estava hospedado para eu não desgrudar mais dele. Ele me mostrou como funcionavam as startups financeiras locais e o impacto que estavam causando não apenas no mercado financeiro mas também na rotina das pessoas. A China está léguas à frente de qualquer outro país no que diz respeito às fintechs. Fiquei impressionado, por exemplo, com o avanço dos pagamentos por mobile. Na China, não existe esse negócio de usar cartão de crédito ou débito. Você faz as transações cotidianas por Alipay ou WeChat – plataformas criadas, respectivamente, pela Ant Financial (a maior fintech do mundo, cujo principal acionista é Jack Ma, do Alibaba) e pelo grupo Tencent. O Alipay é um serviço de meios de pagamento puro sangue, com mais de 620 milhões de usuários nos 70 países onde opera – fora da China, o maior rival é o PayPal, com 237 milhões de usuários em 200 países. Já o WeChat é uma evolução de tudo o que conhecemos em termos de aplicativo. Você pode pedir um táxi, comprar ingresso para o cinema, pagar uma conta, fazer ligações... É também uma rede social (aliás, nasceu como serviço de mensagem, um WhatsApp de lá). Tudo em um único app, baseado em um sistema simples e funcional de códigos QR. Resumindo, a China criou o que chamamos de "cashless society". Quase todas as grandes capitais chinesas já aboliram o dinheiro em papel. Eu estava no aeroporto de Shenzen, fui ao Burger King e não consegui comer, pois eles não aceitavam cartão de crédito nem dinheiro. Kapron me contou

---

15 STARTSE. Como está o cenário das fintechs na China, EUA e Brasil?. Disponível em:<https://www.startse.com/noticia/ecossistema/50515/como-esta-o-cenario-das-fintechs-na-china-eua-e-brasil>. Acesso em: 19 jun. 2019.

Este é o propósito de uma startup financeira: reduzir custos, burocracia e dar acesso a quem estava fora do mercado. Absolutamente com tudo alinhado dentro dos meus valores.

que mais de 70% das redes de fast-food no país só utilizam Wechat ou Alipay.

De acordo com a QuestMobile[16], empresa de pesquisa asiática, as plataformas de pagamento móvel movimentaram US$ 15,4 trilhões na China em 2017. É um número 70 vezes maior do que nos Estados Unidos.[17] Ok, você pode argumentar que tudo na China, com seu mercado de mais de 1 bilhão de pessoas, é incomparável. Não se trata disso. Ou melhor, também se trata disso. Mas a discussão, na verdade, vai além da liderança nos pagamentos móveis. Estou falando de um modelo de negócios que veio para ficar, com um potencial gigantesco. Os pagamentos móveis são apenas a porta de entrada para outros serviços financeiros dos "superapps".

---

16 QUESTMOBILE. 2017 China Mobile Internet Report. Disponível em: <https://www.questmobile.com.cn/blog/en/blog_130.html>. Acesso em: 19 jun. 2019.
17 GODINHO, Rogério. Bilhões de sorrisos. IstoÉ Dinheiro, 18 maio 2018. Disponível em: <https://www.istoedinheiro.com.br/bilhoes-de-sorrisos/>. Acesso em: 22 maio 2019.

Pense no aplicativo como uma carteira digital. O dinheiro está nele. O usuário investe, faz transações bancárias, pega crédito, contrata seguro, tem à disposição uma plataforma peer to peer *para empréstimo pessoal... E o mais importante: os donos desses serviços têm as informações das pessoas em um único lugar. Percebe a revolução? Estou falando de dados, o novo petróleo. Aliás, a expressão literal em inglês é: "Data is the new oil". Não tenho dúvidas disso. Essas pessoas que criaram aplicativos financeiros deram um nó nos bancos tradicionais justamente por possuir todas as informações dos usuários. Assim, conseguem entregar o produto certo na hora certa, com um percentual absurdo de adesão aos seus serviços. Não é à toa que o maior fundo mútuo do mundo, o Yu'e Bao, que também pertence à Ant Financial, é completamente digital.*

Cabe lembrar que esses superapps não atendem apenas a grande massa de consumidores desassistida pelo sistema bancário chinês. Pequenas e médias empresas também passaram a recorrer cada vez mais a provedores alternativos de crédito, pagamentos, investimentos e seguros. É a democracia digital em curso, a tecnologia a serviço da inclusão.

*Outra empresa que me impressionou foi a Lufax, a segunda maior fintech do planeta. Eles fazem basicamente duas coisas: têm um shopping financeiro, com todos os produtos para as pessoas investirem (*wealth management*) e uma plataforma de* peer to peer lending *– empréstimo entre pessoas. Juntaram as duas pontas e o resultado foi o seguinte: 20 milhões de clientes que tomam dinheiro emprestado e 10 milhões que emprestam. Ou seja, 30 milhões de usuários do serviço. Só para efeito de comparação: este volume de clientes é próximo ao que os maiores bancos do Brasil possuem.*

Glitz também incluiu em sua jornada global uma pequena temporada no Vale. Pudemos, então, discutir, pessoalmente, os detalhes desse novo empreendedorismo em cada canto do mundo.

Tínhamos, portanto, a nossa experiência na Califórnia, os insights de Glitz, o conhecimento técnico, a atualização tecnológica, o legado da XP a nosso favor e a enorme vontade de voltar ao jogo. Dessa bem dosada mistura, poderia sair um modelo de gestão aplicável a qualquer empresa. Precisávamos apenas lapidá-lo e organizá-lo.

Nossa preferência era, obviamente, pelo mercado financeiro. Por tudo o que vimos e ouvimos, nenhum de nós tinha a menor dúvida de que o setor sofreria grandes mudanças. E mudanças geram imensas oportunidades. Em 2017, mais duas empresas entrariam em nosso portfólio: o Fitbank (pagamentos eletrônicos) e a Vortx (serviços fiduciários). Nossa nova jornada empresarial estava se formando nas áreas de câmbio, carteira digital, seguros, estrutura financeira, crédito e investimentos. E, claro, com uma startup criada para estimular o empreendedorismo na era digital. A StartSe, pode-se dizer, é a extensão de tudo o que vivemos e aprendemos nos últimos anos. Multiplicar essa experiência seria um grande negócio. Em todos os sentidos.

3 NASCEM OS "STARTERS"

PEDRO ENGLERT

Logo que saímos da XP, Glitz e eu começamos a nos envolver no mundo de startups. Mas a vontade de voltar rápido ao jogo produziu algumas distorções. Por exemplo: nós compramos pequenas participações em empresas de *snacks*, celulares e artigos para bebês. Os negócios vão bem, evoluem, cada um a seu ritmo e de acordo com sua capacidade de investimento... não há nenhum problema com eles. A questão é que nós dois não contribuímos em nada para esse crescimento, porque não entendemos do assunto e porque nossa participação acionária é irrelevante. E isso é muito frustrante para quem construiu a carreira liderando projetos. Percebemos rapidamente que não fazia o menor sentido essa história de ser investidor-anjo, de ter um percentual baixo de ações (1%, 2%, 3%) e delegar a outros a responsabilidade pela valorização de uma empresa. Somos e sempre fomos empreendedores, afinal.

Coloco na conta da ansiedade essa tentativa de atuar apenas como investidor e tiro daí um grande aprendizado. A primeira lição foi: concentre-se no mercado de que você entende, porque assim é possível avaliar melhor os riscos. E o mercado de que entendemos é o financeiro, o que nos levava, imediatamente, ao universo das fintechs (das quais falaremos mais à frente). A segunda lição, relacionada diretamente à primeira, era: mesmo que você conheça a atividade, de nada adianta ter 1% da empresa pelo simples fato de que esse 1% não vai compensar o seu tempo de dedicação – a menos que você dedique apenas algumas horas ao negócio, o que pode funcionar para algumas pessoas, não para mim. Para empregar tempo de verdade, preciso ter uma fatia maior do bolo. Dito de outra forma, tenho que justificar o meu esforço com a capacidade de atuar efetivamente no retorno do ativo. E isso só se faz com uma participação mais relevante. A regra, portanto, é somar 15%, 20%, 30% das ações em negócios nos quais a gente possa contribuir de verdade. Se vamos bancar a aposta em determinada empresa é porque temos conhecimento naquele assunto. É o conhecimento que nos dará poder de influência.

E por que não comprar uma participação ainda maior? Tomar, digamos, 50% das ações de uma empresa iniciante? Seria um caminho mais rápido para ser relevante. Certo. Mas a lógica de investimentos em startups é outra. Em uma empresa já estabelecida, faz sentido entrar com uma fatia grande, pois ela não tem mais que se provar. Já deu certo. O Itaú não precisou colocar as mãos aos pouquinhos na XP. Foi lá e comprou 49% da empresa. Ponto-final. Mas nas startups você não pode diluir tanto quem montou o negócio, por uma razão bem simples: aquilo é a vida dele e eu preciso que o fundador, apaixonado e conhecedor daquele assunto, esteja comigo à frente das decisões. Se ele ficar pequenininho no *cap table*, já era. O potencial investidor de uma startup deve fazer a si mesmo as seguintes perguntas: quanto eu posso comprar para alavancar esse negócio sem diluí-lo em excesso? Quanto essa empresa pode valer? Quanto ele precisa para validar a próxima hipótese, a próxima ideia de negócio? O raciocínio é muito mais na linha do "como me encaixo dentro de sua empresa para permitir que você tenha mais fôlego" do que "quero ganhar o jogo de você". No fundo, é uma partida de frescobol: eu levanto a bolinha para você bater de novo. Quem quiser ser esperto logo no começo vai matar a startup – morrer com ela.

Eu queria, portanto, jogar frescobol. Mas em grande estilo, aportando o capital adequado e o conhecimento necessário.

No fundo, o que eu desejava era o trinômio a que o Marcelo tanto se refere: *pizza size*-propósito- -cultura de garagem.

A temporada na Califórnia me deu as ferramentas certas para voltar ao jogo. Entendi as tecnologias que estavam sendo empregadas em negócios disruptivos e, principalmente, a lógica e mentalidade daquelas empresas, a mentalidade delas. Para montar um novo negócio, a primeira medida seria colocar ao meu lado gente capaz de compartilhar os mesmos sonhos. Não me refiro apenas aos controladores, mas a todos da equipe. Também seria necessário fazer a tecnologia trabalhar a meu favor e, ao mesmo tempo, reduzir ao máximo a estrutura, de modo a tornar a empresa ágil o bastante para se adaptar às mudanças provocadas pelo ritmo crescente de inovações – pivotar se fosse preciso, como se diz no jargão do Vale. Eu não precisava distribuir cargos. Não necessitava de processos engessados. Não tinha que ter controle em cada etapa, o que faz inflar os níveis hierárquicos. Em outras palavras, era vital cortar tudo aquilo que emperra o crescimento de uma empresa. No fundo, o que eu desejava era o trinômio a que o Marcelo tanto se refere: *pizza size*-propósito-cultura de garagem.

Eu já imaginava qual seria o campo de provas ideal para esse novo mindset: a StartSe. A empresa estava em meu radar desde que eu havia deixado a XP, em 2015. Eu a conhecia profundamente, pois fui o responsável por levá-la ao *InfoMoney*. Mas, antes de detalhar os meus planos para a StartSe, abro aqui um necessário parêntese para contar a história de empreendedorismo de seus fundadores e meus sócios atuais, o João Moreira e o Júnior Borneli. Uma história que estava em linha com todos os nossos valores e que resultou em uma empresa que se encaixava perfeitamente no *InfoMoney*.

João e Júnior simbolizam bem a saga empreendedora brasileira. São primos de Areado, uma cidade com 14 mil habitantes, no sul de Minas Gerais. Os dois trabalhavam na vizinha Alfenas, na universidade local, a Unifenas. João é formado em Ciência da Computação. Júnior é advogado. Deixaram o emprego na universidade por razões distintas, mas com objetivos parecidos. João queria ter um negócio próprio. Arriscou-se com uma pequena fábrica de marmita e com um serviço de estampas de camiseta. Sem sucesso. Também convenceu os irmãos a usar o dinheiro da venda de uma casa que pertencia à família para montar uma loja de artesanato, que também não vingou. Para piorar, ficou devendo dinheiro para o banco e para os irmãos. Júnior decidiu mudar de vida quando um dia, em um já distante julho de 2007, chegou em casa e viu que a luz tinha sido cortada pela distribuidora de energia, por falta de pagamento. O salário da universidade mal dava para sustentar a família. O próprio Júnior definiu assim o episódio: "A derrota havia chegado".

Ele pediu as contas na universidade e durante um tempo fez tudo o que era possível: trabalhou na prefeitura, fez bico em gráficas, foi assessor parlamentar, arrumou um ou outro serviço em fazendas, às vezes com duas ocupações ao mesmo tempo. Até que conseguiu emprego em uma empresa de educação on-line, que acabou comprada pelo UOL. Aquele negócio de educação digital não lhe saía da cabeça. Teve a ideia de montar uma plataforma para ajudar pessoas que, como ele, queriam aprender a empreender. Procurou o ex-patrão, agora mais rico com a venda para o UOL, e apresentou a ideia. O camarada gostou. Júnior, então, convocou João para botar a plataforma de pé. Em

24 horas, a estrutura estava pronta. Os primos ficaram com 40% da empresa, batizada de Angels Club. O investidor, com os 60% restantes. Um grande erro. Júnior e João, autores da ideia, haviam perdido, na largada, o poder de decisão.

A parceria não durou muito, mas o produto era bom. O Angels, pode-se dizer, foi o embrião da StartSe. A Júnior e João, não restava outra saída a não ser buscar outros sócios. E eles tinham ouvido falar em uma "empresa de investimentos com um lance de educação financeira" que estava crescendo bastante, a XP. Talvez fosse interessante bater à porta dela.

Era julho de 2014 quando João e Júnior vieram conversar comigo para apresentar o negócio. Os dois estavam ansiosos, mas fizeram um "*pitch*" claro e objetivo, do jeito que gosto. Descreveram a empresa, seu propósito de gerar conteúdo empreendedor para o nosso portal de modo a acelerar a montagem de eventos corporativos, e propuseram a parceria. Fizeram essa apresentação em pouco mais de uma hora, se bem me lembro. Ao final, eu disse: "Ok, eis aqui minha proposta: vamos financiar vocês por três meses, estabelecer algumas metas e dar o direito de usarem o nome *InfoMoney*. Em contrapartida, a XP tem o direito de ficar com metade das ações da StartSe". Eu tinha um projeto em mente, de conectar startups e investidores – e Júnior e João poderiam ser interessantes aliados nesse processo. Faríamos conteúdo, eventos e criaríamos uma plataforma para ter o maior cadastro de empreendedores do país. Fechamos negócio. Nos meses seguintes, a StartSe cumpriu todas as metas. Minha intuição sobre a dupla estava certa. É a história dos sonhos compartilhados. Júnior Borneli também se lembra bem desse encontro:

> *Eu já havia me informado sobre o Pedro. Sabia que era um sujeito bacana, justo, empolgado com novos empreendedores e... acelerado. Diziam para mim que o cara era ligado em 220 volts. Um exagero, sem dúvida. Mesmo assim, usei um discurso objetivo. Ele não deu uma palavra. Só ouvia, impassível. Pensei: "Ferrou". Ao final, ele disse: "Vamos tentar" e nos fez*

a proposta. Teríamos R$ 13 mil por mês, para três meses, e a meta de ter mil startups ativas em nossa plataforma até janeiro de 2015. Se conseguíssemos, haveria mais dinheiro. Ao final de dezembro de 2014, eu e João já havíamos batido a meta. A StartSe começou a ter relevância. Essa parceria foi fundamental para, enfim, consolidarmos o nosso sonho de empreender.

Em 2015, a XP não quis exercer seu direito de compra das ações da StartSe. Estava se desfazendo de todas as atividades que não considerava *core-business*. Foi a deixa para que Maurício Benvenutti, ex-companheiro de XP – na época, estava fazendo um curso na Califórnia –, entrasse em cena. Eu disse ao Maurício: "Entra aqui, vira sócio, que a StartSe vai bombar. É um bom negócio". Maurício se encontrou com João e Júnior e fez a proposta para ficar com os 50% que a XP havia dispensado.

No final daquele ano, quando já estávamos fora da XP, Glitz e eu pegamos o carro e fomos a Alfenas visitar o escritório de João e Júnior. Prédio antigo, sem elevador, sala bem simples, sem ar-condicionado, uma mesa, duas cadeiras. E precisava de mais? Se a ideia era recomeçar com a StartSe, que fosse praticamente do zero, para reinventar a empresa. Em 2016, depois de minha temporada no Vale, eu entrei em campo. Glitz, mesmo em viagem, também participava de todas as nossas decisões. Marcelo seria convocado na segunda metade daquele ano.

Lembro-me bem da conversa com o Marcelo. Estávamos em minha casa, eu e Júnior, quando decidimos telefonar para tentar convencê-lo de participar do projeto. Júnior mostrava-se ansioso, como no primeiro *pitch*. A *call* durou poucos minutos. Depois de ouvir os nossos argumentos, Marcelo apenas disse: "Se o Pedro e o Glitz estão nessa, então podem contar comigo também. Nem preciso ouvir mais". Para uma atividade em que networking é ferramenta de trabalho, ter um sócio como o Marcelo, dono de conexões importantes, é um golaço. Júnior vibrava na sala de casa.

Diria que eu, Marcelo e Glitz temos habilidades complementares. O Marcelo é alguém que sabe muito de regulação, além

> **Sempre vi a StartSe como a plataforma capaz de fazer com que a gente enxergasse todo o mercado.**

de ter, como já mencionei, uma rede de contatos poderosa. E exibe uma rara e rica combinação no mundo executivo: é dono, ao mesmo tempo, de uma visão estratégica, panorâmica, e de uma capacidade de enxergar os detalhes que vão ditar ou não o sucesso de um projeto ou negócio. O Glitz, por sua vez, entende muito de produto. É pragmático, o "alemão" da turma. E eu conheço essa dinâmica comercial de crescimento, de validação de projetos, de execução. Além de ter características complementares na parte da gestão, a gente pensa de forma semelhante, fruto de anos de convivência. Não que isso seja algo imprescindível para um negócio, mas ajuda um bocado.

Achávamos, portanto, que nossa experiência e nossa sintonia poderiam agregar muito valor à StartSe.

Colocamos o carro na rua, com a nova formação e formatação, em julho de 2016, pouco depois de a StartSe se desligar oficialmente do *InfoMoney*. João e Júnior se mudaram para São Paulo. Tínhamos que reiniciar a empresa, agora sem o sobrenome do *InfoMoney* (a StartSe havia perdido muito de sua audiência após o fim da parceria). Nosso escritório... bem, nosso escritório era uma mesa de oito lugares dentro da Box 1824, a empresa de minha irmã, que ficava em uma casa na rua Lisboa, no bairro de Cerqueira César, zona sul da capital paulista. Trabalhávamos eu, Júnior, João, Luan Oliveira (que cuidava da parte administrativa), Caio Giolo (responsável pelos eventos) e Felipe Moreno (jornalista que decidiu ficar conosco após o rompimento com o *InfoMoney*). Quando algum cliente entrava na casa e elogiava a sede da StartSe, ninguém de nossa equipe corrigia o cidadão. A empresa, afinal, um dia deixaria aquela mesa e teria o seu próprio escritório. O visitante em questão havia apenas adiantado as coisas. Um visionário, pode-se dizer.

Marcelo vinha a cada dois meses para o Brasil e passava duas semanas aqui visitando as empresas nas quais ele mantinha investimentos. Àquela altura, final de 2016, eu e Glitz também já havíamos entrado na Warren, na Monkey e na Bee, como acionistas e membros ativos do *board*. Queríamos empreender juntos, nos envolver na construção do negócio, ainda que não participássemos das operações cotidianas. Porque o nosso foco operacional estava mesmo na StartSe (as demais empresas já contavam com um time de peso para tocar o dia a dia). Eu me tornei o CEO da StartSe. Glitz se juntou "fisicamente" ao grupo no começo de 2017. Pouco depois, Marcelo voltaria definitivamente ao Brasil. O trio, portanto, estava novamente reunido.

Sempre vi a StartSe como a plataforma capaz de fazer com que a gente enxergasse todo o mercado. Estávamos lidando com educação, empreendedorismo, investimentos, dados, tecnologia e um formidável networking. A possibilidade de negócios com todos esses elementos era gigantesca. Lembra-se da história do pensar grande, de Jorge Paulo Lemann? De sua frase famosa, que diz: "Sonhar grande e sonhar pequeno dá o mesmo trabalho"? Pois é. Copiamos. Quem sabe podemos transformar a StartSe em uma universidade de empreendedorismo? Ou em uma bolsa de valores da economia digital, capitaneando as transações entre investidores e startups? Ou ainda em uma plataforma capaz de administrar investimentos de outras empresas e *family offices* interessados no universo das startups? Ou tudo isso? E levar nossos conteúdos e eventos para o mundo?

Como disse, havia e há elementos suficientes para sonhar. Mas antes era preciso começar – ou recomeçar, no caso.

No livro *Sobre a escrita*, o autor Stephen King conta um episódio bacana sobre Alfred Hitchcock, que diz muito sobre essa história de pensar grande, mas não descuidar das bases. King relata que Alma Reville, mulher do cineasta, era a primeira a opinar sobre os roteiros e produções do marido, "uma crítica com olhos de lince que não tinha medo da crescente reputação de diretor autoral do mestre do suspense". Sorte a dele, escreveu King. "Hitch dizia que queria voar e Alma respondia: termine o café da manhã primeiro."

Precisávamos terminar o café da manhã antes de voar com a StartSe. Mas tinha de ser um café fornido, poderoso, com todas as referências que havíamos coletado nos últimos anos. A ideia era emular aquilo que deu certo, mas também – e principalmente – tentar detectar e não repetir aquilo que deu errado em outras empresas. Só assim seria possível construir a base para pensar grande.

SOBRE RUPTURA, CULTURA E PROPÓSITO

4

EDUARDO GLITZ

No Vale do Silício existe uma expressão famosa, transformada em sigla, que qualquer empreendedor deveria escrever, imprimir e colar no espelho do banheiro ou deixar como plano de fundo no notebook – para se lembrar dela todos os dias. Trata-se da FoMO, acrônimo de Fear of Missing Out, o "medo de perder alguma coisa, de ficar por fora", em tradução livre. Esse medo tem muito valor. É ele que vai nos guiar, nos lembrar que o aprendizado constante e a atualização tecnológica são a senha para frequentar o salão dos negócios novos e inovadores. Como diz Pedro, o empreendedor tem que se sentir desconfortável, com a impressão de estar sempre uma volta atrás – só assim terá todos os sentidos aguçados para captar boa parte (é impossível captar tudo, nem tente) daquilo que ocorre em seu mercado de atuação. Isso vale para quem está começando ou quem já está na estrada há muitos anos. Empresas e empreendedores acomodados demais, conservadores demais ou arrogantes demais aprenderam da pior forma o que a economia digital – ou nova economia, dê o nome que quiser – foi capaz de produzir. Ou de reconstruir, no caso.

A tecnologia, já sabemos, permitiu reduzir custos, enxugar estruturas, cortar intermediários e transformar organizações complexas em empresas dinâmicas, sem burocracias e sem processos estanques. O saldo disso, também sabemos, foi a ruptura de modelos e padrões estabelecidos, o que provocou um impacto irreversível na maneira como se faz e se pensa negócios. Algumas páginas atrás, Marcelo mencionou problemas enfrentados por diversas indústrias. Gigantes tradicionais que, de uma hora para outra, viram seus muros serem derrubados por uma turma de "nerds" – como Daniel Ek e Martin Lorentzon, que criaram, em um apartamento de Estocolmo, um negócio digital chamado Spotify, que mudaria para sempre a história da indústria fonográfica. Ou a locadora on-line de DVDs nascida em Scotts Valley, na Califórnia, que descobriu o *streaming*, cobrou uma assinatura mensal para que os usuários vissem quantos filmes quisessem, passou a fazer suas próprias produções e deixou de cabelo em pé os executivos das TVs por assinatura e os barões de Hollywood. Conheço muita gente que simplesmente cancelou a assinatura da TV paga e ficou só com a Netflix. Sem contar a hoje trilionária Amazon, "a loja de tudo", de Jeff Bezos, capaz de reinventar o varejo e destruir empresas que pareciam eternamente inabaláveis, como o Walmart (aquele mesmo que eu troquei pela XP em 2006). Em 2019, mais de 4 mil lojas fecharam nos Estados Unidos, segundo levantamento do *Business Insider*[18]. E, até 2022, 25% dos shoppings de lá baixarão as portas.[19] É o efeito Amazon, responsável por mais de 53% das vendas no varejo on-line americano em 2016.[20] É o efeito da tecnologia.

Dia desses, lendo sobre essa revolução no varejo, me peguei pensando na loucura que é ir ao supermercado, algo que fazemos automaticamente sem nos dar conta do desperdício

---

18 PETERSON, Hayley. "The number of retail stores closing this year just doubled to more than 4,000 – here's the full list". *Business Insider*. Disponível em: <https://www.businessinsider.com/stores-closing-this-year-2019-2>. Acesso em: 19 jun. 2019.
19 CALEIRO, João Pedro. "Um quarto dos shoppings americanos fechará até 2022, prevê banco". *Exame*, 12 jun. 2017. Disponível em: <https://exame.abril.com.br/economia/um-quarto-dos-shoppings-americanos-fechara-ate-2022-preve-banco/>. Acesso em: 4 jun. 2019.
20 BLOOMBERG NEWS. "Varejo americano nunca fechou tantas lojas como em 2017". *O Globo*, 9 abr. 2017. Disponível em: <https://oglobo.globo.com/economia/varejo-americano-nunca-fechou-tantas-lojas-como-em-2017-21184395>. Acesso em: 4 jun. 2019.

de tempo. Acompanhe, por favor: você chega em casa, pega o carro, se enfia no trânsito, estaciona no supermercado, pega o carrinho de compras, busca os produtos, coloca tudo no carrinho, entra na fila do caixa, tira tudo do carrinho, paga, põe de volta no carrinho, vai para o estacionamento, tira tudo de novo do carrinho, enfia no porta-malas, pega trânsito de novo, retira do porta-malas, coloca no elevador, tira do elevador e... ufa... guarda em casa. Faz algum sentido? Nenhum. Você pode fazer a mesma coisa com alguns cliques e receber os produtos em casa. É o uso da tecnologia para simplificar a vida e ganhar tempo, o que todos queremos. A turma da nova economia trabalha com esse propósito. Por isso, a quebra de paradigmas e de setores inteiros.

Avalie este quadro:

O Airbnb entendeu que não estava no mercado de hotéis, e sim no de hospedagem.

As empresas, portanto, estão sendo ameaçadas por negócios que, até pouco tempo atrás, nem sequer existiam ou estavam completamente fora de seu radar. Se o fenômeno atacou indústrias de diversos setores, por que pouparia o sistema financeiro? Aliás, são os bancos que financiam boa parte dessas indústrias. Ora, se estamos falando de estruturas mais enxutas, de impressão 3D reduzindo drasticamente os estoques, de carros autônomos mais seguros e de uso do transporte compartilhado, do mundo digital diminuindo ou eliminando cadeias logísticas inteiras, então também estamos falando de redução considerável no volume de produtos como seguros, financiamento de veículos e empréstimos para capital de giro, só para citar alguns exemplos. Esse é o efeito, digamos, indireto para o cofre dos bancos.

Já o efeito direto atende pelo nome de fintechs, como são conhecidas as startups financeiras. É nesse segmento que pretendo me concentrar para falar de ruptura, pois sou cria do mercado financeiro, assim como o Pedro e o Marcelo. Não por acaso, as empresas em que investimos e que administramos são todas fintechs – ou seguem o modelo de negócio e a lógica das fintechs.

Em artigo escrito para o *Brazil Journal*,[21] Guilherme Pacheco, fundador da Mosaico Ventures, lembrou de uma passagem do livro *O sol também se levanta*, de Ernest Hemingway, que serve como boa analogia para o momento vivido pelo mercado bancário com a proliferação das fintechs. No livro, um ex-banqueiro responde desta forma a uma pergunta sobre como havia quebrado: "*Gradually, and then suddenly*" [Aos poucos, e depois subitamente]. Guilherme, então, faz a ligação com os tempos atuais: "Ainda estamos na fase do 'gradualmente' mas, em breve, olharemos para trás e veremos que a perda de *share* dos bancos em diversos serviços [por causa das startups] ocorreu 'subitamente'". Se uma fintech não faz verão, uma revoada delas é capaz de causar um bom estrago. Detalhe: o Wells Fargo anunciou que vai fechar 800 agências nos próximos dois anos.

---

21 PACHECO, Guilherme. "O 'risco fintech' dos bancos". *Brazil Journal*, 23 maio 2018. Disponível em: <https://braziljournal.com/o-risco-fintech-dos-bancos-gradual-e-subito>. Acesso em: 04 jun. 2019.

A tecnologia permitiu reduzir custos, enxugar estruturas, cortar intermediários e transformar organizações complexas em empresas dinâmicas, sem burocracias e sem processos estanques.

Um estudo do Goldman Sachs intitulado "O momento das fintechs no Brasil"[22] estima que mais de 200 empresas de tecnologia financeira devem gerar receitas combinadas de US$ 24 bilhões nos próximos dez anos. Meios de pagamento, crédito e finanças pessoais são os três segmentos mais promissores. Segundo o estudo, empresas de *venture capital* estão crescendo no Brasil e os fundos de *private equity* também estão de olho na ascensão das fintechs. *Funding*, portanto, não é mais um problema para as startups financeiras. E o mais importante de tudo: espera-se que o impacto da ruptura no Brasil seja maior do que na maioria dos países devido à alta concentração verificada no setor bancário. Conhecemos o cenário: cinco grandes bancos concentram 85% das operações financeiras. As finte-

---

22 SREEHARSHA, Vinod. "Goldman Sachs sees big potential for fintech in Brazil". *The New York Times*, 15 maio 2017. Disponível em: <https://www.nytimes.com/2017/05/15/business/dealbook/goldman-sachs-sees-big-potential-for-fintech-in-brazil.html>. Acesso em: 22 maio 2019.

chs representam, portanto, a esperança de popularização e de acessibilidade a diferentes produtos bancários. Estamos falando de inclusão social impulsionada pela facilidade de uso, menores taxas e menos burocracia. Você não precisará mais pagar pelo cafezinho com o gerente. Aliás, dificilmente precisará visitar o gerente, porque todas as informações estarão disponíveis na tela de seu smartphone com extrema transparência, sem letras miúdas.

O Brasil, cabe lembrar, ainda é o país com a maior quantidade de agências bancárias por habitante. E tem a população que mais vai ao banco no mundo: em média, um brasileiro visita o gerente cinco vezes em um trimestre, de acordo com os dados da Fisher Venture Builder. Mas os ventos vêm mudando. Em 2017, 1,5 mil agências fecharam no país, segundo as informações mais atuais do Banco Central[23]. E a tendência é que esse movimento cresça nos próximos anos.

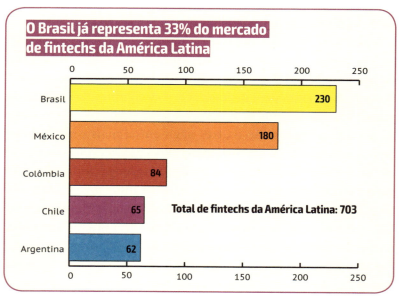

Fontes: Banco Interamericano de Desenvolvimento e Finnovista

23 VEJA. "Bancos fecham quase 1.500 agências em 2017". Disponível em: <https://veja.abril.com.br/economia/bancos-fecham-quase-1-500-agencias-em-2017/>. Acesso em: 19 jun. 2019.

Não tenho dúvidas de que a velha prática do mercado financeiro de determinar o que o cliente vai comprar está com os dias contados. Não há mais espaço para aquele discurso: "Ah, preciso subir minha margem, então vou aumentar o *spread* e enfiar algum investimento ou seguro goela abaixo dos correntistas". Quem atuar dessa forma, com oferta limitada de produtos a custos altos, será a presa mais fácil para as fintechs. Lembre-se: as novatas se alimentam da ineficiência alheia. Quer um exemplo? O mercado financeiro é apinhado de intermediários. A quantidade de gente que opera entre o dinheiro do investidor e o produto que ele compra é um negócio inacreditável. A tecnologia tem o poder de simplificar tudo isso, usando *chatbot*, inteligência artificial, plataformas abertas, *blockchain*... Com essas ferramentas, todos os "despachantes" do sistema vão sumir, pois serão desnecessários. As fintechs estão trabalhando justamente nesse *gap* entre o que os bancos querem oferecer e o que o cliente precisa. No fundo, estamos falando de transparência e redução de custos, com poucos cliques.

E, se você acredita que nesse nicho só estarão as pequenas, convém se atualizar (FoMO, não se esqueça dele...). Uma gigante que ameaça cada vez mais o mercado financeiro é a Amazon – ela já tem empresas de seguros, pagamentos, empréstimos B2C e sua ideia agora é se associar a alguma instituição para criar uma conta corrente dedicada especialmente aos jovens que estão fora do sistema financeiro. O Google também está de olho nas fintechs. O Facebook idem, com o WhatsApp. O WhatsApp Pay, aliás, está operando na Índia. Somente na fase de testes, 1 milhão de usuários utilizaram os serviços financeiros do aplicativo.[24] Inclua nessa lista das potenciais fintechs empresas como Uber, Airbnb e Spotify. Por uma razão bem simples: como circulam dinheiro e informações em suas plataformas, os aplicativos podem oferecer (por que não?) transações financeiras – desde que, é claro, cumpram com as obrigações regulatórias. No

---

24 ECONOMIC TIMES. WhatsApp Pay may end Paytm's hegemony in India. Disponível em: <https://tech.economictimes.indiatimes.com/news/startups/whatsapp-pay--may-end-paytms-hegemony-in-india/69193368>. Acesso em: 19 jun. 2019.

fundo, estamos falando de dados. *The new oil*, lembra-se? Com dados, você vende o que quiser. O que impede o Spotify, com a quantidade de informações e de usuários que tem, de lançar um serviço, por exemplo, de *peer to peer lending* (empréstimos) entre pessoas físicas? Não há barreiras, portanto – o que significa uma grande oportunidade de negócios para outsiders.

Os bancos sabem disso. E, obviamente, não vão ficar apenas assistindo: têm conhecimento e experiência suficientes para entrar nessa arena. Equipes do Itaú frequentemente vão ao Vale do Silício para entender esse novo mundo – não por acaso, o banco comprou a XP Investimentos, passou a utilizar WhatsApp e Messenger em transações bancárias e anunciou a adesão ao Apple Pay, para pagamentos via celular. Os demais bancos seguirão provavelmente pelo mesmo caminho – sobretudo no que diz respeito à tecnologia de pagamentos móveis. Muitos estabelecimentos no Brasil já têm a estrutura pronta para aceitar esse tipo de transação. Não imaginamos que a adesão ao *mobile* ocorrerá na mesma velocidade do mercado chinês, mas podemos dizer, sem medo de errar, que a alta penetração de celulares no Brasil, combinada com os elevados índices de desbancarização, pode, sim, estimular o fenômeno – o país tem 50 milhões de pessoas alijadas do sistema financeiro. "Os bancos serão os impulsionadores deste novo hábito, mas, curiosamente, isso poderá ser um tiro no pé", escreve Guilherme Pacheco em seu artigo para o *Brazil Journal*. "Quando o brasileiro se acostumar a pagar com o celular, o caminho estará pavimentado para muitas fintechs. Por que pagar pelo celular somente com o cartão do banco?" Vou além: por que fazer qualquer transação financeira pelo celular somente nas plataformas tradicionais dos grandes bancos? A China nos mostrou que as opções são gigantescas.

O ambiente e o humor do mercado ajudam nessa ruptura. O Conselho Monetário Nacional vem aprovando uma série de medidas para impedir práticas anticompetitivas dos bancos tradicionais em relação às fintechs, criando uma agenda regulatória que tem por objetivo ampliar o acesso da população a

> **Quem atuar dessa forma, com oferta limitada de produtos a custos altos, será a presa mais fácil para as fintechs.**

serviços mais baratos, seguros e eficientes. Algumas dessas medidas sugerem que o Brasil pode estar abrindo caminho para o importante conceito de *open banking*, já praticado em alguns países, onde o cliente é o dono de suas informações e escolhe quais produtos do mercado serão transacionados por meio de sua conta corrente – independentemente da instituição em que esteja essa conta. É uma plataforma aberta na qual trafega a livre concorrência. Um dia, chegaremos lá.

Mude o chip. A ofensiva contra o enxame de startups não é exclusividade do mercado financeiro. Outros setores da economia, como já dissemos, vivem o mesmo drama e também tentam montar estratégias para combatê-lo. Muitas empresas recorrem ao caminho mais curto: a compra das "pequenas notáveis". Outras, como o Bradesco, a Porto Seguro, a Ambev e o próprio Itaú, criaram suas incubadoras e aceleradoras e ampliaram o conceito de inovação aberta. Durante muito tempo, essas empresas imaginaram que bastava colocar um nerd em frente ao computador e dizer a ele "Inove" que o problema estaria resolvido. Viram que não é bem assim. A estrutura complexa e a lentidão nas decisões acabavam solapando qualquer tentativa de inovação. Por isso, para tentar surfar no novo mundo, elas criaram "filhotes", que já nascem com a vantagem de, em um eventual aperto, contar com a caixa-forte da empresa-mãe. Um grande trunfo em relação às startups independentes, sem dúvida.

O problema é que o dinheiro e essa estratégia de "*split*" podem não ser suficientes para garantir o passaporte ao novo mundo. Se o filhote não tiver a autonomia necessária para agir – o que parece ser o caso –, será apenas uma pretensa divisão inovadora, a serviço da mesma estrutura engessada de sempre. É como dizer que um banco é digital simplesmente porque criou um aplicativo. Percebe a diferença? É difícil comprar o espírito empreendedor. Fico imaginando a quantas instâncias o CEO de uma startup vinculada ao QG de um grande banco teria de recorrer antes de tentar colocar na rua um projeto beta…

E esse é só um dos entraves para a transição das empresas tradicionais. Um exemplo ilustra bem os dilemas de grandes estruturas que precisam fazer esse difícil ritual de transformação:

> *Em 2018, um grande banco brasileiro montou um comitê especial para tentar resolver uma questão urgente: como combater as fintechs que ameaçavam a sua área de previdência? Eles tinham, historicamente, 50% de* market share *e viram essa participação cair para 30%. As startups do segmento estavam oferecendo taxas menores e ganhos equivalentes, simplesmente por terem uma estrutura mais enxuta, mais tecnologia e um propósito que vai além da margem de lucro. Eis o dilema do banco que, até onde sei, persiste até hoje: se mudar o seu negócio de previdência e reduzir as taxas para ser competitivo, ele sacrifica uma boa parte das receitas e põe em xeque todo o resultado – além de correr o risco de não ser um dos melhores nesse mercado. Se não arriscar, preservando o statu quo, sabe que vai acabar sangrando aos poucos. Resumindo: se não mexer ele sabe que terá um problema. Se mexer, é uma incógnita. O que fazer? Talvez criar uma nova marca, um novo produto dentro de uma startup própria, com estrutura independente, sem mexer,*

A pergunta fundamental (e quase existencial) é: para que serve a minha empresa? Uma questão simples para uma resposta que exige certa reflexão e assertividade.

por enquanto, no produto principal. Assim, seria possível preservar durante algum tempo a rentabilidade atual – sabendo, contudo, que ela vai morrer a longo prazo.

É a queda gradual. E depois súbita. Inevitável e necessária.

O que estou dizendo é que é preciso mudar o chip para reconfigurar a empresa. Falo de um novo comportamento, uma nova atitude dos empresários, que serve também para candidatos a empreendedores.

Essa nova cultura começa, inevitavelmente, com o propósito. A pergunta fundamental (e quase existencial) é: para que serve a minha empresa? Uma questão simples para uma resposta que exige certa reflexão e assertividade. Experimente fazer essa indagação a um banqueiro tradicional e ele talvez tenha alguma dificuldade em explicitar o seu propósito.

Se a sua empresa serve apenas para entrar em guerra de preços com o concorrente fazendo mais do mesmo, então você tem um problema. Se também baseia seu negócio apenas em pequenas inovações incrementais, esporádicas, o êxito será limitado. A pergunta não é mais: como eu me diferencio do meu concorrente e aumento minha receita? É: como eu entrego um produto e uma solução inovadora, ouvindo de fato o meu público, para me diferenciar de tudo o que está aí? Tudo o que está aí, friso. Mesmo que você tenha de fazer ajustes no meio do caminho, o ponto de partida tem de ser este: fazer algo que impacte de alguma forma a vida dos clientes, que melhore um setor, que estimule a concorrência. Ter, enfim, um propósito. Pode ser a inclusão bancária, a solução para facilitar um transporte, a simplificação dos serviços de cartório, a segurança do trânsito, o barateamento da energia solar, a educação on-line, a mudança nas práticas de um segmento, o estímulo ao empreendedorismo... o que for. Lembre-se sempre: a tecnologia existe para simplificar processos. Tenha um propósito, cumpra o seu intento e você verá clientes aderindo. E um punhado de gente querendo trabalhar contigo.

O propósito é o começo de tudo. Deixe isso no espelho do banheiro também.

Antes de passarmos às próximas páginas para detalhar outros gargalos a serem resolvidos por empresas dispostas a entrar na nova economia, cabe aqui desmistificar o termo propósito. Quem quiser usá-lo como ferramenta marqueteira vai quebrar a cara – e não são poucas as empresas que fazem isso, banalizando esse importante conceito. Tenha em mente que a razão de ser de seu negócio é algo para ser saboreado internamente: que nasce com os fundadores e deve ser replicado para a equipe. Se você for bem-sucedido nessa propagação interna de seus credos, terá meio caminho andado para trazer as pessoas para seu lado. Claro, haverá sempre alguém dizendo: a razão de ser de uma empresa é gerar lucro, o resto é perfumaria. Gosto de responder a isso parafraseando Tony Hsieh (pronuncia-se Shay), CEO da Zappos, a varejista de calçados que pertence à Amazon e virou referência mundial em atendimento ao cliente. Diz Hsieh: "Persiga um ideal, não o dinheiro.

E o dinheiro vai acabar indo atrás de você". O lucro, portanto, é consequência. Esse é o pensamento vigente nos principais centros do novo empreendedorismo mundial. Visitei quase todos eles e sei do que estou falando. Lucro é fundamental. É o fôlego do empresário, como afirma Pedro. É com ele que fazemos a roda girar e remuneramos adequadamente todos os envolvidos, incluindo os sócios – não estamos falando, afinal, de organizações beneficentes. Mas o lucro deve ser a consequência de um trabalho que lhe dá prazer e orgulho de fazer. Sem prazer e orgulho, acredite, a vida será bem chata.

5 COMO DETECTAR E (TENTAR) DESTRAVAR ARMADILHAS

PEDRO ENGLERT

O que não fazer?

Aí está uma pergunta que você deve considerar se quiser criar um método de gestão ágil o bastante para acompanhar a nova economia. Sim, estou sugerindo uma espécie de "engenharia reversa" (desconstrua o sistema antigo primeiro) para identificar e evitar as travas que limitam a capacidade de transformação das empresas. Foi o que eu fiz e garanto que há farto material para estudo: o mercado atual é pródigo em modelos gerenciais cheios de travas. Listo as principais:

1. Ausência de "propósito". Sua empresa existe para quê? Glitz falou bastante desse conceito importante, a bússola das novas organizações – sem a qual fica difícil apontar os caminhos para a organização (no mercado financeiro, por exemplo, o sonho das pessoas está no sabático que elas vão tirar quando saírem da empresa. Portanto, o propósito está depois da jornada e não dentro dela, um grande problema).

2. Falta de transparência e de visão compartilhada. Equipes totalmente desalinhadas, com os funcionários se movendo sem clareza do real objetivo traçado pela empresa. Sem alinhamento de interesses, não há foco para construir qualquer que seja o projeto desenhado pela empresa. Imagine um time de futebol em que o técnico

não fala do objetivo, não compartilha as estratégias de cada jogador, não informa o tempo de jogo nem o placar durante a partida... Por incrível que pareça, tem empresa sendo gerida assim.

3. Ambientes sem cooperação. Preocupados em se defender, os funcionários concentram sua energia no jogo corporativo. Isso reforça o comportamento individualista e conservador – a falta de cumplicidade no local de trabalho limita o apetite para o risco. Ninguém quer se expor, pois, se errar, será alvo dos demais.

4. Profissionais insatisfeitos, que não conseguem colocar seu verdadeiro potencial em prática porque ficam presos a atividades de pouca relevância, a burocracias, que tomam 80% de seu tempo.

5. Excesso de camadas hierárquicas, excesso de processos e controles.

6. Pouca aceitação ao erro e premiação assimétrica, o que prejudica a inovação.

Se o propósito é o começo de tudo, como diz o Glitz, a transparência e o alinhamento de interesses devem ser os passos seguintes para que a engrenagem funcione. Ora, ninguém trabalha na minha empresa para me deixar rico. Imagino que as pessoas gostem de mim, mas não tenho como dizer, nem criar a expectativa, de que vão se matar por mim. Todos estão aqui por causa de si mesmos. A empresa que encarar o papel da equipe como mera coadjuvante vai entrar por um cano deslumbrante. Em médio prazo, se o discurso de transparência for uma balela, a consequência será a formação não de uma equipe, mas de um conjunto de funcionários autômatos e medianos – aqueles que batem o ponto, fazem o trabalho de forma mecânica e vão embora, para no outro dia retomar o ciclo de mediocridade. Não que o próprio colaborador seja medíocre, não se trata disso. Mas o ambiente pode torná-lo assim, absolutamente sem perspectivas, sem propósitos, trabalhando apenas pela estabilidade, pela garantia do salário no final do mês.

Esqueça isso. É o jeito velho de fazer as coisas, de tratar a sua equipe como um amontoado de cumpridores de tarefas. Quando entrevisto um candidato a uma vaga na StartSe, por exemplo, costumo fazer três perguntas, depois de dar uma visão geral da empresa e de nosso propósito. São elas:

1. Você acha que o nosso sonho é factível, acredita nesse mercado em que atuamos?
2. Acredita que quem está tocando esta empresa é capaz de enxergar oportunidades e tomar as decisões corretas para cumprir os objetivos?
3. Acredita que é capaz de criar valor dentro dessa estrutura e de contribuir para tornar nosso sonho realidade?

Há uma dose de subjetividade nessas respostas, claro. Afinal de contas, trata-se de uma conversa de duas pessoas que acabaram de se conhecer. Ainda que o candidato tenha pesquisado a empresa (e eu espero sinceramente que ele tenha feito isso) e que tenhamos apresentado números vultosos e curvas de crescimento surpreendentes, não dá para esperar dele uma certeza absoluta de que a gente "vá cumprir todos os nossos objetivos" ou de que nosso papo não é mera retórica. Provavelmente, ele já ouviu palavras bonitas outras vezes. Bate a dúvida, é inevitável.

As respostas a essas três perguntas deveriam ser sim, obviamente. Mas, mais do que o sim, o que estamos observando é a reação do candidato. Queremos que ele se enxergue nesse negócio, que venha com a cabeça de empreendedor, que esteja disposto a tomar riscos junto com a gente. Já houve casos de três respostas positivas dadas sem o menor entusiasmo. É como aquele jogador que está no banco de reservas e, chamado pelo técnico para entrar em campo, boceja e começa a retirar vagarosamente o colete, ajeitar a meia, amarrar a chuteira. Certamente ficará confortável com o papel de coadjuvante no jogo. Não queremos esse meio-campo mediano. Queremos o jogador com gana. Depois de certo tempo de mercado, a gente consegue identificar quem realmente quer entrar em campo. E tem uma turma chegando com essa disposição. São esses que eu procuro ter no meu time.

E, só então, vem a quarta pergunta: "Qual é o seu sonho? Combina com o da empresa? Então, bem-vindo a bordo".

Eu ganho, tu ganhas, nós ganhamos

Só que não adianta compartilhar sonhos e alinhar interesses sem repartir benefícios. Eu ganho, tu ganhas, nós ganhamos: essa é a conjugação perfeita para o crescimento de uma companhia. Todos têm que se sentir parte do negócio. E aqui cabe uma reflexão, ou melhor, uma desmistificação. Tenho horror à palavra "pertencimento". Aliás, tenho paúra de tudo o que é rotulado. Ninguém pertence a ninguém e a nada. Temos, sim, objetivos profissionais comuns. E isso nos une. Repito: objetivos comuns. Não confundir com outra balela do mercado, que é a história de pensamentos iguais. Esqueça. Diversidade é bom e faz um bem danado para a empresa. Com ela, traçamos caminhos alternativos para o mesmo objetivo.

Pois bem. Se os objetivos e interesses estão alinhados, a remuneração deve seguir o mesmo princípio. E eu não conheço nenhum mecanismo mais efetivo do que o sistema de bonificação e partnership para atingir esse objetivo. Certamente você já o conhece, desde que Jorge Paulo Lemann e companhia importaram do Goldman Sachs lá nos anos 1970, ainda nos tempos do Garantia. Aquele mesmo, que começa com distribuição de uma parcela dos lucros (PLR - participação nos lucros e resultados) ou de bônus vinculados a metas e evolui para a distribuição de ações aos que têm melhor desempenho, sempre com métricas claras e objetivas. É a maneira pragmática de se chegar ao... argh... pertencimento. A lógica é bem simples: ao transformar os mais eficientes em sócios, você eleva a excelência da companhia e renova o compromisso com os objetivos. Ora, se quero que minha equipe tenha a visão de dono e assu-

Se o propósito é o começo de tudo, a transparência e o alinhamento de interesses devem ser os passos seguintes para que a engrenagem funcione.

ma os mesmos riscos que eu, a contrapartida é que ela tenha também os mesmos benefícios. Perdemos todos ou ganhamos todos. Esse é o jogo.

Essa sensação de ser dono tem um "poder mágico" de transformar as pessoas. Na época da *InfoMoney*, implementei um sistema de partnership exclusivo para nossa divisão (até então, os funcionários só podiam ter ações da empresa-mãe, a XP). Imediatamente, quatro funcionários assinaram os contratos para entrar na nova sociedade. Logo após a assinatura, eles me chamaram para uma conversa. Achei que era para comemorar a ocasião. Não, eles queriam me mostrar uma lista com todos os riscos do negócio, dos mais simples aos mais cabeludos. Eu pensei: "Poxa, por que não me disseram isso antes?". Nem precisei verbalizar, pois eu mesmo tinha a resposta, simples e óbvia. Eles só apresentaram os riscos quando se sentiram parte do time. Estavam, naquele momento, devidamente alinhados com a perpetuação da empresa. Cumprimentei-os pela iniciativa. Era um sinal de que eu não precisaria estar mais ali o tempo todo, porque aqueles quatro iriam cuidar do *InfoMoney* como donos. Nossa chance de dar certo multiplicou por cinco. Essa é a mágica.

A combinação de PLR e ações é infalível? Não. Tem pontos perigosos. Um deles é o estímulo ao individualismo. Uma grande empresa brasileira, cujo nome não vale a pena mencionar, teve de repensar sua distribuição de bônus e ações depois de ver que o ambiente interno estava excessivamente competitivo – havia sabotagens entre colegas no cumprimento de metas. Decidiu, então, medir a performance em camadas. As metas individuais só seriam consideradas "batidas" se as metas do setor e da empresa como um todo fossem cumpridas. Isso minimizou um pouco o problema, priorizando o coletivo.

Ainda assim, há o risco de haver alguma rachadura na estrutura, sobretudo quando as cifras envolvidas aumentam exponencialmente.

Quando o dinheiro é pouco, esse individualismo é menos preocupante. Eu paro para ajudar o colega porque prefiro preservar o espírito de equipe a ganhar um pouquinho a mais. Mas, quando a grana sobe de 15 para 50, 100, 200, o "monstro da ganância" surge. E o pensamento passa a ser este: "Se paro o que tenho de fazer para ajudar um companheiro no projeto dele, corro o risco de ficar menos eficiente. Por consequência, posso reduzir a minha participação e perder a chance de acumular ações". Imagine a seguinte situação: você é líder de uma área que vem batendo metas sucessivamente. Isso ocorre porque você e mais dois colegas, também donos de ações, trabalham em perfeita sintonia, com a precisão de um relógio. Aquele trabalho que vocês fazem está dando um resultado fabuloso para a empresa. Então, você descobre que conhece toda a engrenagem do negócio e começa a se questionar: "Por que precisamos ter três na equipe? Talvez dois façam o trabalho. Excluindo o terceiro, a minha participação percentual – e a do colega que restou – no sucesso da área aumenta consideravelmente. Para que ter uma divisão de 33,3% nesse jogo, se podemos repartir ao meio operando em dupla? Ficamos, então, com 50% e 50%. De cara, também haveria uma economia de custos. Dois profissionais em vez de três. Que empresa não gostaria de cortar despesas?". Você começa a ver aquele terceiro não mais como um parceiro, mas sim como uma oportunidade de ganhar mais dinheiro.

Portanto, há e haverá sempre a competitividade, que está na essência desse sistema meritocrático. O que não se pode permitir é o extremismo, sob pena de perder o controle. Mas... voltemos ao exemplo anterior, por favor. Temos duas conclusões:

1. Quem garante que é possível conseguir o mesmo resultado com dois em vez de três na equipe? E será que a melhor decisão naquele momento é reduzir custo ou aumentar a capacidade de entrega? Talvez seja melhor o gestor manter o time e, eventualmente, até aumentá-lo, para ter mais performance e aumentar o bolo. Assim, os seus 33,3% de amanhã serão bem mais relevantes do que os 50% de hoje. Cabe lembrar também que uma visão excessivamente focada no curto prazo pode, em alguns casos, fazer o tiro sair pela culatra.
2. Quem garante que não é possível fazer o mesmo resultado com duas em vez de três pessoas? E mesmo que a empresa esteja mais preocupada em investir do que cortar naquele momento, qualquer enxugamento de despesas, sem prejuízo para o processo de aceleração do negócio, seria bem-vindo. A ganância pontual, nesse caso, pode ser entendida como otimização e "cabeça de empreendedor".

Percebe a diferença? O que estou dizendo é que essa ambiguidade não é necessariamente danosa. Desde, é claro, que se corrijam excessos e sabotagens.

O problema, então, é encontrar uma maneira de dosar essa ganância. Não sabemos ainda e esse é o desafio do aprendizado constante: adotar um modelo gerencial e tentar aprimorá-lo para corrigir distorções. O gatilho do PLR (que poderá evoluir para uma participação societária) é o bolo geral, isso já está definido. A partir do bolo maior, você pega sua fatia. O nó é descobrir como manter esse espírito de equipe mesmo em patamares significativos de receitas. Talvez seja criando algum mecanismo de monitoramento comportamental. No fundo, é um exercício diário de acompanhamento, como veremos mais adiante.

Uma conversa que tive no South by Southwest (um dos maiores eventos de inovação do mundo) em 2017 amarra bem todos esses conceitos de que falamos até aqui. Encontrei por lá um amigo que trabalhava como CFO em uma agência de publicidade com 200 funcionários. Falamos sobre a feira, tecnologia, trabalho, inovação... até que toquei no assunto de gestão de pessoas. Ele se abriu: "Lá na minha empresa todo mundo tem que me odiar". Antes que eu perguntasse o motivo, ele continuou: "Eles não se importam com nada que se refira a custos e despesas. Eu tenho que ficar em cima o tempo todo para não gastarem muito dinheiro. Tenho que ser rigoroso, controlando cada contrato que eles fecham, cada passo. Cansa".

Então, eu perguntei: "Como funciona o alinhamento de pessoas na agência?". Ele respondeu: "É simples. Eles têm a função de trazer clientes e criar campanhas de qualidade. Essa é a meta. E eu cobro a qualidade e o retorno".

Eu questionei, então: "Mas, para ter qualidade, performance, tu tens de contar com os melhores profissionais, com melhores fornecedores, o melhor material. Isso tem um custo...". Ele me confirmou que sim, mas que os funcionários exageram e, por isso, ele precisava "ficar em cima". Quando perguntei se eram todos que exageravam, ele respondeu que alguns iam bem e, logo em seguida, perguntei como ele premiava estes, então. Ele disse: "No fim do ano, a gente dá mais um ou dois salários".

Há dois grandes erros nesse caso. O primeiro é o desalinhamento. O sócio olha a qualidade, olha a relação custo-retorno, está sempre preocupado com o resultado, quer saber se o cliente ficou feliz, acompanha os índices de renovação de contratos, observa com lupa os custos e os resultados. O problema do meu amigo e da empresa para a qual trabalha foi repassar para os funcionários apenas parte desse importante *checklist*, alinhando-os com alguns indicadores que, para serem atingidos, exigem mais gastos da empresa. Por exemplo: se a meta que se pede para o funcionário é um cliente satisfeito e um material publicitário de primeira, esse funcionário provavelmente vai pedir a melhor máquina, o melhor software, o time mais qualificado, a tecnologia de ponta, tempo para poder executar... Ele vai querer o mundo ideal. E é natural que peça tudo isso, pois está comprometido apenas com um indicador: qualidade. E qualidade pressupõe gasto. Esse funcionário não é avaliado por nenhuma métrica de eficiência ou de rentabilidade e não é (ou é pouco) estimulado a pensar como o dono – que também vê a qualidade, claro, mas sempre de olho na relação custo-benefício. O alinhamento parcial, portanto, faz com que chefe e subordinado fiquem em posição antagônica, de conflito. Falta, portanto, mudar o discurso, ser mais transparente. E o mais importante: tratar de ajustar a remuneração para que os objetivos sejam alcançados.

O segundo erro: atrelar bônus a número de salários. Quando eu falo que o seu potencial máximo é de mais, sei lá, três salários se você bater as metas, o que eu estou dizendo indiretamente é: para ganhar mais dinheiro do que isso, você terá que pedir aumento do salário mensal. Claro, pois o bônus salarial acompanhará os seus ganhos no mês. Eu acabei de dar um tiro no pé. Toda política de PLR que está atrelada a salários é uma política que coloca o funcionário contra o sócio. Aumenta o risco do meu negócio, porque mais salário é mais custo. E quanto maior é meu custo, maior é meu risco.

Voltei a ele e falei: "Na hora em que você disser a essa pessoa: 'Está aqui o que esperamos em relação à qualidade e 15, 20, 25% do resultado gerado por esse cliente será distribuído entre a equipe', ela passará a olhar para a qualidade e para a eficiência do processo de outra maneira. Vai olhar para custo e retorno, vai pensar como o dono. E nesse momento, meu amigo, você vai deixar de ser o chefe que controla para ser o chefe que estimula. Em vez de cobrar, vai dizer: 'Como é que dá para a gente ganhar mais dinheiro aqui? Como eu posso ajudar a fazer o resultado?'. Você inverte a perspectiva, porque trouxe a pessoa para o teu lado".

Ora, o processo...

Falamos da mudança cultural e do empoderamento como pilares de transformação. Um dos pontos cruciais nessa relação passa pela simplificação dos processos e controles. Qualidade total, 5S, Kaizen, PDCA, Six Sigma, todos esses métodos de administração tiveram e ainda têm a sua importância, mas todos eles carecem da renovação exigida pelo tempo. A economia está mais dinâmica, a tecnologia reduziu a necessidade de grandes estruturas físicas e eliminou camadas gerenciais, já não existe mais a rigidez hierárquica de antigamente. O controle deu lugar à liberdade de ação. Responsável e comprometida, mas sempre autônoma, jamais autômata. Em uma frase: o ambiente corporativo não comporta mais fórmulas prontas.

Hoje, quando você define o processo e anuncia: "Pessoal, é assim que se faz", você mata a empresa. Dito de outra forma, um processo definido hoje já nasce obsoleto, porque amanhã vem uma nova tecnologia que pode torná-lo bem mais eficiente. É preciso ser flexível o bastante para saber virar a chave, pivotar (lembra-se?). Há outro problema, ainda mais perigoso em relação aos processos estanques: o de frear o ímpeto da equipe, o que pode comprometer diretamente os resultados. Impor normas e procedimentos para mentes criativas e libertárias é uma combinação de água e óleo. O processo diz: você tem que digitar 1,2,3 e 3,2,1. Faça isso que dá certo. Aí o seu funcionário certamente vai responder: "Desculpe, eu sou mais inteligente do que isso". Ele tem que criar os próprios caminhos e sentir frio na barriga para fazer as coisas acontecerem. Do contrário, pode ir embora.

O bom profissional, que tem confiança no próprio taco, nem pensa duas vezes em largar o crachá de uma empresa travada, porque está mais fácil empreender, criar projetos, buscar a independência intelectual. Caiu o custo de oportunidade, caíram as barreiras. Antigamente, o símbolo do sucesso era ficar 30 anos no Banco do Brasil. A estabilidade e um contracheque razoável funcionavam como um atestado de carreira bem-sucedida. Não mais. As organizações que, em médio prazo, não conseguirem se

> **A economia está mais dinâmica, a tecnologia reduziu a necessidade de grandes estruturas físicas e eliminou camadas gerenciais, já não existe mais a rigidez hierárquica de antigamente.**

adaptar, vão perder talentos. Profissionais bons querem liberdade de ação e de pensamento – limitá-los ao engessamento corporativo, aos processos estanques, é um convite à debandada.

O foco das empresas modernas deve estar, portanto, no objetivo final. O processo, em nossa visão, pouco importa. O que não significa dizer que entramos na era da anarquia gerencial ou de uma Woodstock digital. Nada disso. As cobranças continuam as mesmas e o acompanhamento do que está sendo feito, com as devidas revisões, talvez seja até mais constante – mas isso não se dá pelo método, e sim pelo resultado. Até porque a maioria das startups trabalha com planejamento mais curto, trimestral, em vez do tradicional ciclo anual, como veremos adiante.

O que eu quero saber é aonde esse funcionário está chegando, se aquilo que ele se propôs a fazer está indo bem. Se ele vai para a esquerda, para a direita, por baixo ou por cima, isso não importa. Eu posso até ajudar a discutir o procedimento, mas a decisão é dele. Está entregando? Está alinhado em fazer mais receita, menos despesa, respeitando os valores da empresa, olhando sempre o resultado? Então, beleza.

Certa vez, um líder de projeto na StartSe comunicou que precisava de mais um funcionário para completar determinada tarefa, sem o qual talvez não conseguisse cumprir a meta de sua divisão. Houve, claro, um primeiro questionamento da direção sobre o custo e até a lógica dessa decisão. E mesmo sobre a lógica dela. Em tese, o acréscimo de uma despesa o afastaria ainda mais do objetivo. Ao que o líder respondeu: "Sim, haverá um custo extra, mas a chegada desse novo profissional resolve um problema estrutural e abre caminho para uma receita potencial que compensará com sobras essa despesa". É um risco? Sempre é. Mas era o que eu queria ouvir: o funcionário estava pensando como dono e pagando a conta junto, pois, se a contratação não funcionasse, ele teria um PLR menor (em função do custo), dividido por mais pessoas (um novo funcionário). É a cabeça do funcionário empreendedor ou – como gostam de dizer no mundo das startups – do "intraempreendedor".

Esqueça o longo prazo

Assim como os processos estanques, os planos de longo prazo não funcionam mais. Um plano de cinco anos ou dez anos pressupõe prever um cenário para esse período. Mas a chance de acertar a previsão, hoje em dia, é quase zero. Em 2007, a revista *Forbes* publicou uma capa com a seguinte chamada: "Nokia. Um bilhão de clientes. Alguém pode alcançar o rei dos celulares?". Alô, alô, leitor: quem você conhece hoje que tem um celular Nokia? Acabou o negócio. Quem poderia imaginar, dez anos atrás, que alguém seria capaz de parar os finlandeses? Que a tecnologia entraria rasgando, rompendo os padrões estabelecidos e transformando décadas de conquistas em pó?

A Nokia piscou o olho e, quando o abriu, o mercado já estava infestado de smartphones. Provavelmente o planejamento de cinco, dez anos da Nokia previu inovações incrementais e não estruturais (ou disruptivas, para usar uma palavra da moda). O telefone se transformou em outro produto e, quando os finlandeses se deram conta, os americanos da Apple e os coreanos da Samsung já faziam a festa. Em um cenário extremamente dinâmico, é melhor começar rápido e fazer *sprints* curtos, validando as ideias e ajustando no caminho, do que traçar grandes planos e fazer enormes investimentos, baseado em premissas que seguramente vão estar erradas, porque são imprevisíveis.

Tolerância ao erro (de verdade)

Para que isso ocorra, é necessário que se tenha uma aceitação maior ao risco. Se eu tenho um objetivo e preciso testar rápido, tenho que ser realmente tolerante ao erro. A falha também funciona como a validação de uma hipótese, não se esqueça disso. Eis um exemplo bem didático, que gosto de repetir em minhas apresentações na StartSe:

Seria possível usar carros particulares para fazer transporte público? Não há nada na lei que proíba, embora também não esteja claro se ela permite. Vou consultar advogados. Sim, descobri que é possível, desde que se estabeleçam alguns critérios e se cumpram algumas regras. E será que as pessoas dispensariam o táxi e pediriam esse carro particular via aplicativo? É uma ideia. Então, deixa eu tentar validar esse negócio. Poxa, eu criei um protótipo, gastei uma graninha aqui em um projeto piloto e o possível cliente não pediu o carro. Eu tinha uma hipótese, mas essa hipótese não foi em frente. Por enquanto. Aí, eu descobri algo interessante: o cliente até estaria disposto a pedir se soubesse quem é o motorista, se tivesse a certeza de que existe uma empresa idônea por trás do sistema e se pudesse ver a localização do carro – para avaliar se é melhor ir ao ponto e usar o táxi tradicional ou recorrer ao aplicativo. Opa, já tenho informações preciosas. Vou ajustar isso aqui. Descubro mais. Além de querer ver onde está o carro, o usuário quer saber quanto vai custar a corrida. Vou fazer isso também. Perfeito, ajustei o produto. Comecei com um erro de avaliação, testei, aprendi na prática e coloquei o projeto na rua.

Identificou o exemplo com alguma empresa? Pois é. O que quero dizer é que os testes que dão errado fazem parte do processo. Se fosse no sistema antigo, a empresa iria gastar meses e meses até ter certeza absoluta de que aquilo poderia dar certo para, só então, colocar o projeto na rua. Se fosse tarde demais, alguém já teria pensado nos aplicativos de transporte.

Mas até qual momento ele pode errar? É aí que entra a análise do risco, a relação entre sinistro – o que a empresa pode perder – e retorno. Se eu criar o aplicativo de transporte agora, quanto eu vou gastar? Suponha que sejam R$ 50 mil. Qual é a chance de dar certo? É 50%. Se der errado, vou perder R$ 50 mil. Se der certo, vou fazer um unicórnio[25]. As perguntas a serem feitas obedecem ao princípio dos 4 "Ps" da tomada de decisão. São eles:

1. **Propósito**: o projeto está alinhado com nossas crenças e objetivos? É bom para a marca?
2. **Potencial**: qual é o benefício esperado? Gera engajamento, gera audiência?
3. **Probabilidade**: qual é a chance de sucesso?
4. **Perda**: eu suporto o sinistro?

Os Ps funcionam como uma boa bússola para a experimentação.

Não há empresa que não queira inovar, que não coloque em sua lista de valores e princípios a busca incessante pelo novo, a obsessão por "disruptar", a aceitação do erro como etapa de um processo evolutivo. Inovar é experimentar alguma coisa que nunca foi feita, um lugar aonde ninguém foi. Errar, portanto, é prerrogativa para alcançar esse objetivo. O problema é que geralmente os fatos implodem a teoria. A grande maioria das

---

25 Unicórnio é uma startup que possui uma avaliação de mercado superior a 1 bilhão de dólares. (N. E.)

> **Se eu tenho um objetivo e preciso testar rápido, tenho que ser realmente tolerante ao erro. A falha também funciona como a validação de uma hipótese.**

empresas parece não criar mecanismos para abraçar as falhas, ainda que façam discursos bonitos sobre tolerância. Uma pesquisa feita em 2017 pela consultoria Deloitte, com 23 mil pessoas em 1,3 mil organizações de 120 países, apontou o "medo de errar" como principal fator de estresse para 82% dos profissionais entrevistados.[26] Sinal de que o ambiente corporativo ainda não é propício para riscos e que falta em muitas empresas uma política de incentivos que permita aos funcionários saírem da casinha.

Um bom exemplo ocorreu recentemente em um dos maiores hospitais do Brasil. Um dos diretores apresentou um projeto para criar uma startup dentro da empresa. Era a única forma de acelerar a inovação, como queriam os acionistas. O negócio, ao que parece, está indo bem. Ao menos no papel. A conta sinistro-retorno mostra que para um investimento de R$ 2 milhões será possível, em um tempo razoável, ganhar seis vezes mais. Além da vantagem financeira, haverá um enorme ganho de imagem

---

26 STRESSED out? How business chemistry can help you and your team. *The Wall Street Journal*, 11 jan. 2017. Disponível em: <https://deloitte.wsj.com/cfo/2017/01/11/stressed-out-how-business-chemistry-can-help-you-and-your-team/>. Acesso em: 22 maio 2019.

– afinal, o hospital manterá sua aura vanguardista em ciência e soluções inovadoras. Ótimo.

Estive com um diretor responsável por esse projeto no hospital e, depois de ouvir seu relato, perguntei: "Qual será o seu prêmio caso o negócio seja bem-sucedido?". Ele respondeu que seria um salário a mais. Questionei, então: "E se der errado?". Ele falou: "Talvez eu seja demitido, porque insisti neste projeto".

Eu quase não acreditei no que ouvi. É uma loucura, um incentivo assimétrico. É ganhar um para perder dez. A empresa quer que você assuma o risco, mas não incentiva. Ela premia com um salário a mais para o acerto. Se não vingar, você será demitido. Disse a ele: "Então, pule fora, fique na zona de estabilidade".

Nunca é fácil tomar a decisão de inovar, daí a importância de criar ferramentas que consigam calibrar o tamanho do salto. A relação sinistro-retorno deve ser revisitada periodicamente, acompanhando a evolução da empresa. Talvez hoje eu consiga assumir um risco de R$ 20 mil. E amanhã eu possa dobrar. Pode parecer óbvio falar nesse controle, mas muitas companhias estabelecem um número estanque, um teto para experimentações de acordo com cargos e áreas, geralmente definido em seu planejamento de longo prazo. E essa inflexibilidade pode fazer com que a empresa perca uma excelente oportunidade. A regra de fazer mais com menos, o ideal de qualquer empresa, não pode ser uma cláusula pétrea. Às vezes, é necessário fazer mais com mais. E, se não for possível, que se inverta a pergunta. Em vez de "tenho dinheiro para gastar neste projeto, mesmo com o risco de dar errado?", vá de "o projeto pode ser adaptado ao dinheiro que eu tenho para gastar?". Se vale o risco, use a velha e boa estratégia do Mínimo Produto Viável (MVP, na sigla em inglês) – a prática de tornar o produto o mais enxuto possível para reduzir o risco (falaremos dele nos próximos capítulos). Aprimore aos poucos, mas não deixe de colocá-lo na rua.

Outros fatores se interpõem na decisão de inovar. Muitos deles são subjetivos, como *feeling* e mesmo a coragem. Se fossem só questões matemáticas, não haveria o dilema da inovação. Acontece que a equação vai além dos números. Lembra-se do caso clássico da Kodak? A marca símbolo da fotografia, dona do mercado, clientes felizes, acionistas satisfeitos, um império que parecia inabalável? Até que alguém da área de P&D chega para a direção e diz: "Olha, tem um negócio que a gente pesquisou e é bem interessante, a foto digital".

E aí? O que decidir, quando não há respostas minimamente conclusivas sobre uma novidade que não é apenas incremental? Se der certo, aquilo apresentado pelo seu P&D provavelmente vai destruir tudo o que você fez até aquele momento. Como convencer os acionistas a abrir mão de uma situação de conforto, a trocar o certo pelo então duvidoso? A análise posterior é sempre mais fácil, claro. Hoje, parece óbvio dizer que a Kodak deveria ter mergulhado de cabeça na fotografia digital. É evidente que sim. Quero ver é tomar a decisão naquele momento, quando o sinistro era, possivelmente, quebrar tudo o que já havia sido feito, sem necessariamente saber o tamanho do benefício... Essa coragem é para poucos.

Novamente, Jeff Bezos vem em nosso socorro, quando diz que ninguém pode ter medo de reinventar o seu próprio negócio, nem que isso signifique quebrar tudo o que você construiu anteriormente. Se não o fizer, um concorrente vai fazer. Foi o que aconteceu com a Kodak. Empresas tradicionais são rígidas no *core*, no produto principal. Empresas modernas são rígidas no propósito e flexíveis no *core*.

Nessa nova dinâmica da economia moderna, é preciso refundar a empresa a cada dois ou três anos. A Amazon fez e faz isso com maestria: nasceu como livraria on-line. Passou a produzir hardware (Kindle). Tornou-se um nome importante em *streaming* de músicas e filmes. Criou o negócio de plataforma de computação em nuvem AWS, superando Microsoft e Google. E, claro, é disparada a maior rede de comércio eletrônico do planeta. Mas ela tem a vantagem de ser uma empresa nova, nascida e criada em outro contexto, com outra filosofia, outra cultura. E com um conhecimento absurdo das forças que regem o mercado atual.

Conhecimento deve ser o principal ativo das empresas que querem mudar o jogo, não se esqueça disso.

OBRIGADO, CHARLES! 6

EDUARDO GLITZ

Na estante da minha casa, há um livro que mudou a minha visão sobre o mercado financeiro e mesmo a minha postura em relação ao mundo dos negócios. Trata-se de *Charles Schwab – How One Company Beat Wall Street and Reinvented the Brokerage Industry* [Charles Schwab – Como uma companhia derrotou Wall Street e reinventou a indústria de corretagem], de John Kador. O título é autoexplicativo e fala da transformação que Charles, um economista e financista de Sacramento, na Califórnia, provocou no mercado americano. Uma transformação que começou em maio de 1975, com o fim da taxa de corretagem fixa cobrada sobre a compra de ações nos Estados Unidos. Em uma canetada, a SEC (Security Exchange Commission) liberou as instituições a cobrarem o que quisessem de seus clientes. Charles Schwab, então dono de uma pequena corretora, aproveitou a deixa para conquistar potenciais investidores, oferecendo descontos e batendo de frente com ícones como Merrill Lynch e Bank of America. Ele investiu em campanhas para alertar o consumidor sobre a taxa abusiva dos bancos, criou seminários e palestras para fidelizar clientes, diversificou a carteira, desenvolveu o conceito de shopping de investimentos (para enfrentar os bancos, era preciso ir além das ações) e simplificou serviços. A estratégia transformaria a empresa – curiosamente nascida de uma newsletter cujos assinantes pagavam US$ 84 anuais para

OBRIGADO, CHARLES! | 117

receber indicadores financeiros – em uma das maiores referências mundiais em investimentos para pessoas físicas.

Pouco antes de começar o projeto deste livro que você está lendo, recorri novamente às páginas de Charles, já esmaecidas pelo tempo e pelo tanto que as manuseei. Reli alguns capítulos, observei velhas anotações que havia feito a lápis e me lembrei quase que instantaneamente – era impossível não lembrar – da trajetória da XP. Muito do que fizemos ali veio do livro de Charles, das visitas aos eventos de Charles, da observação constante dos movimentos de Charles. Peço licença, então, para compartilhar com você este imprescindível flashback. Ao acompanhar a trajetória da XP, será possível entender importantes conceitos que copiamos, aprimoramos e adaptamos para nossas empresas atuais – sobretudo a StartSe.

Antes, porém, cabe falar aqui da importância que damos ao conceito de *global watching*. Traduzindo: entender o que os melhores do mundo estão fazendo e estudar essas práticas à exaustão para tirar o máximo possível de ensinamento. Cheguei ao ponto de me passar por cliente em um escritório da Charles Schwab para entender como eles atendiam as pessoas. Também entrei de "penetra" em alguns eventos para avaliar a dinâmica das apresentações e tentar aprender tudo o que fosse possível sobre a empresa. Certa vez, quiseram me expulsar de um evento, de tanto que eu atormentei os convidados, enchendo-os de perguntas. Valeu muito a pena. Essas imersões me permitiram vivenciar tudo aquilo que estava – e também o que não estava – no livro.

Vamos à XP:

Criação de mercado. Bem no início da XP (eu ainda não estava lá), eram todos pastinhas. Conhece o termo? São aqueles que vão a campo, que usam a sua rede de relacionamentos para tentar abrir conta, convencer as pessoas a investir em ações. Aquela coisa de bater de porta em porta. Manja? Naquela época, 50 mil pessoas tinham CPF cadastrado na Bolsa de Valores. Era muito pouco. A gente abria uma conta aqui, pedia uma indicação ali... um amigo sugeria outro amigo que tinha o pai rico, que tinha um vizinho mais rico ainda, cujo primo também

Get out of the building. Saia do prédio, do escritório, do laboratório e vá para o campo real de testes – a rua. É ali que a coisa acontece de verdade.

estava disposto a investir em ações e assim o negócio caminhava. Havia muita força de vontade, mas nenhum modelo de negócio claro, definido. Um dia, Marcelo, sempre bem relacionado, reuniu no salão de festas do prédio dele os amigos de seu pai. Comprou pão de queijo, alguma bebida e, em vez de sentar com cada um dos potenciais investidores, ele e Guilherme acabaram fazendo uma pequena palestra, contando como o era o mercado de ações, tentando desmistificar alguns pontos e enaltecer outros. Funcionou. Ali, meio ao acaso, formava-se o embrião do modelo de educação financeira que, anos mais tarde, levaria a corretora a outro patamar. Lembro-me dessa história com um carinho especial, porque foi uma sacada simples e certeira. E aí está a beleza das soluções simples, que são sempre eficientes e sempre difíceis de serem enxergadas.

    A saída para transformar o negócio em algo escalável, portanto, era a educação financeira. Afinal, o que seria mais vantajoso: brigar com todas as corretoras por um pequeno grupo de 50 mil investidores ou formar mercado, ensinando as pessoas a investir em Bolsa e fidelizando esses alunos? A XP desenvolveu, então, um curso chamado "Aprenda a investir na Bolsa de Valores". O pulo do gato nesse caso foi criar um sistema de ensino que fugia de cálculos e previsões complexos e entregava ao potencial investidor os princípios fundamentais do mercado acionário, por meio de uma metodologia de acompanhamento e de tomada de decisão de fácil compreensão. Se o aluno tivesse paciência, disciplina e absorvesse esse conhecimento, teria chances de se dar bem como investidor de ações. Falávamos dos benefícios e também dos riscos, claro. E tentávamos a todo momento desmistificar aquela história de que investir em ações é um cassino ou uma loteria. Só é assim para quem não tem um conhecimento mínimo das engrenagens do mercado, os aventureiros de plantão. Pois bem. O curso custava R$ 350, durava três noites e, ao terminá-lo, muitos alunos se tornavam clientes – afinal, ninguém paga esse montante para assistir a um curso chamado "Aprenda a investir na Bolsa" se não quiser realmente investir na Bolsa. Em média, 60% das pessoas que participavam das aulas começavam a aplicar em ações, uma taxa de conversão respeitável.

O negócio de venda de ações, antes dependente de networking, passou, então, a ter método. E, com método, veio a escala. Se a XP quisesse abrir um escritório em qualquer cidade, o modelo era sempre o mesmo: colocava um anúncio no jornal e spots em rádio sobre o curso, montava uma pequena filial e atraía os alunos. Era também um modelo autossustentável. Não exigia altos custos com marketing, e sua estrutura, simples, geralmente era bancada pela própria taxa de adesão. Havia algumas promoções, descontos, as primeiras aulas grátis, uma série de benefícios para encher as salas. Na hora do coffee break, cada um de nós (os professores eram os próprios sócios da XP) fazia uma abordagem, digamos, mais contundente com o aluno/cliente. Era o momento de convencê-los a abrir uma conta na corretora, de fazer a conversão.

A XP passou 2001, 2002, 2003 e uma parte de 2004 testando o modelo de negócios, ajustando, até acertar o ponto.

Persistência (e apetite para o risco). Eis aí a primeira grande lição: a persistência para transformar um produto ou serviço em um bom negócio. Quer empreender? Então, saiba de uma regra tão cruel quanto real: você vai passar seis, sete, oito meses, no mínimo, colecionando frustrações. Aquilo que estava na sua cabeça no momento em que você decidiu se tornar um empreendedor não será necessariamente a realidade, ao menos não em um período curto de implementação. Você vai testar vários modelos, várias hipóteses, vai errar, recuar, ajustar o produto, tentar de novo e de novo e de novo. Mas tem que ir para a rua, mesmo que seja com algo meio tosco – desde que, é claro, haja o mínimo de perspectiva de sucesso para aquilo que você imaginou. O que estou dizendo é que não dá para ficar fechado em uma sala desenhando o projeto até que ele fique tinindo, sob pena de ver o seu negócio naufragar ou nascer obsoleto. Lembre-se: você está testando uma hipótese.

Há uma expressão para isso no Vale do Silício: *get out of the building*. Saia do prédio, do escritório, do laboratório e vá para o campo real de testes – a rua. É ali que a coisa acontece de verdade.

Claro que é muito mais fácil falar em fôlego para testes quando se tem um colchão financeiro um pouco mais forrado, capaz de aguentar meses de frustrações e ajustes que exijam novos investimentos. Se você não tem esse colchão... sinto muito. Arrume um meio de financiar a fase de testes. O jogo é esse mesmo, não há para onde correr. Dificilmente haverá a fórmula mágica, o produto ou modelo genial que já se prova na origem produzindo lucros em poucos meses. Ideia não é negócio – ou melhor, produto não é negócio. Portanto, os candidatos a empreendedores terão, sim, de arranjar formas para bancar aqueles primeiros meses, sem os quais dificilmente conseguirão realizar o sonho da marca própria.

Durante muito tempo, acreditou-se que bastava uma ideia na cabeça e um produto na mão e, *voilá*, a startup decolaria rumo ao maravilhoso mundo dos unicórnios. Até que os impetuosos empreendedores descobriram que não existe produto bom sem um bom modelo de negócio. Não custa repetir: produto não é negócio. É tão somente o ponto de partida, uma hipótese que tem de se provar viável e rentável. Pedro gosta de citar um exemplo prosaico, mas emblemático dessa difícil missão que é empreender:

> *Minha irmã faz um patê fantástico. Muito bom mesmo. E muita gente diz que ela tem que montar uma loja de patês. Mas, se ela me chamasse para ser um investidor, eu não sei se aceitaria. Porque, apesar de ser um superproduto, não há a certeza de que é um bom negócio. Eu não sei quanto custa fazer um patê em larga escala. Eu não sei o tamanho desse mercado. Não sei qual será o gasto para distribuir, o custo de estocagem, a validade do produto. Eu só entraria depois que ela fosse para a "rua", testasse o produto e voltasse com algumas dessas respostas. Cada pergunta não respondida só aumenta o risco do investidor. Para me convencer a apostar em seu sonho, minha irmã teria que ter mais soluções do que dúvidas. Vimos no Brasil muitos empreendedores que, ao criar um produto, acreditaram ter um negócio nas mãos. E acabaram desistindo do sonho ao enfrentar a realidade do mercado. Lembre-se: o produto é só a primeira etapa.*

O que se fala muito hoje no mundo digital é do custo de aquisição do cliente (CAC) versus Life Time Value (LTV), ou seja, o retorno. (Pedro aprofundará esse importante conceito mais para a frente.) Você tem um CAC de 50 e tira 200? Então, existe um modelo de negócio. Parece óbvio fazer essa conta, mas o difícil é transformá-la em realidade. Na XP, a gente tinha um modelo de negócios para divulgar educação. Eu investia, eles vinham, tornavam-se meus clientes. O CAC, trazer esse público para as salas de aula, era baixíssimo, porque já se pagava. O retorno era transformá-lo em cliente. E isso estava acontecendo com uma velocidade muito grande. A gente conseguiu, portanto, validar o negócio.

Chegava a hora, então, de dar escala, aumentar o nosso alcance. E o que eu tinha de fazer nesse momento? Mais e mais e mais cursos. Com uma estratégia bem definida de conquista de território.

Não custa repetir: produto não é negócio. É tão somente o ponto de partida, uma hipótese que tem de se provar viável e rentável.

Na XP, essa estratégia tinha um nome: War. Aquele mesmo, o jogo de tabuleiro. Lembra-se do objetivo? Conquistar territórios. Nove entre dez jogadores começavam pelos continentes menores e mais fáceis de serem invadidos. A Oceania, a América do Sul... Depois, com mais exércitos, partia-se para as regiões maiores. Explicado o lance estratégico, vamos ao movimento de peças da empresa. Primeiro, levamos os cursos para o Sul. Aos poucos, avançamos para o Sudeste, deixando São Paulo por último, porque São Paulo era uma "Ásia", enorme, difícil de ser tomada. Precisávamos chegar a São Paulo com um modelo robusto, daí a importância de ir conquistando territórios aos poucos, para ganhar experiência. Nesse momento, como se diz no jargão empresarial, a coisa estava "ganhando tração". Não tinha uma noite em que a gente não desse curso ou palestra em algum canto do Brasil.

Em 2006, cinco anos depois de transformar a experiência da minipalestra com pão de queijo dos Maisonnave em um projeto de educação financeira, a XP já havia "formado" 15 mil alunos, somava 10 mil clientes e operava com 16 filiais. A gente bateu cabeça para acertar o lance de educação financeira. Mas valeu cada pancada.

E sempre chega a recompensa. No caso da XP, ela veio em dobro. Não apenas o modelo de negócios estava tinindo – captação de alunos/clientes a baixo custo, alto retorno, rápida aceleração – como o Brasil também se encarregou de dar uma força extra ao nosso projeto de crescimento. De 1994 a 2004, a Bolsa de Valores andava de lado. Em 2005, a economia começou a melhorar e nos anos seguintes o que se viu foi recorde em cima de recorde no mercado acionário. Estávamos, portanto, com o modelo certo para o momento certo. O *timing*, como se diz, era perfeito.

O ano de 2007 foi especialmente generoso: euforia dos IPOs (sigla em inglês que significa oferta pública inicial) – 64 ofertas naquele ano, com volume financeiro de R$ 55 bilhões –, todo mundo querendo investir em ações. As manchetes de jornais e as capas de revistas registraram o fenômeno: "O Brasil descobre a Bolsa"; "Investimentos recorde em ações"; "Abertura de capital rende bilhões". E a gente tinha um modelo de negócios perfeito para aquele momento. A nossa concorrência continuava sendo as corretoras locais, sem modelo de educação financeira, fazendo mais do mesmo. Ou seja, a gente estava atropelando. Naquele ano, já contávamos com 30 filiais próprias no Brasil todo. A XP era o maior agente autônomo de investimentos em ações no país. Cabe aqui uma rápida explicação: a empresa, tecnicamente, não era considerada uma instituição financeira, mas uma empresa autorizada a intermediar a venda de ações, desde que estivesse associada a alguma corretora. E a parceira naquele momento era a Intra, uma corretora de São Paulo.

Após a febre dos IPOs e a explosão do mercado acionário, os sócios da XP cogitaram dois movimentos: continuar crescendo como agente autônomo (por pouco não houve a venda para a Ágora, então uma das maiores corretoras de valores do Brasil) ou dar um passo maior, que era transformar a própria XP em corretora. Optou-se pelo segundo caminho. Sendo uma corretora, a margem de lucro aumentaria. Até então, a XP deixava com a Intra uma parte da margem que fazia com a venda de ações. Em voo solo, traria alguns milhões para o caixa. Por outro lado, haveria mais risco. A complexidade aumentava, pois o processo de certificação de uma corretora é quase o mesmo de um banco. Existe uma série de regulações, envolvimento com Banco Central, Comissão de Valores Mobiliários... Era preciso ter uma estrutura maior, uma equipe grande, um departamento jurídico reforçado. O custo ia subir, a burocracia era enorme. E custo alto aumenta o risco de um negócio.

A XP, então, procurou um atalho. Comprou uma corretora em Joinville chamada Manchester e abocanhou outra no Rio de Janeiro, a America Invest. As transações, tanto com a Manchester quanto com a America, foram feitas com trocas de ações. Assim, a XP se transformava em uma instituição financeira.

O caminho estava aberto para novos saltos. E eles seriam mais do que necessários nos anos seguintes.

Veio 2008. Logo no início do ano, o Brasil ganhou o *investment grade* das agências de *rating* (de BB+ para BBB-), o que significava que o país oferecia baixos riscos ao investidor. Não poderia haver notícia mais auspiciosa. Com *investment grade*, a expectativa era de uma enxurrada de capital estrangeiro por aqui. Cabe lembrar que muitos fundos internacionais só podem colocar dinheiro em países que tenham esse selo de qualidade, considerados bons pagadores. A gente vibrava no escritório: "Temos estrela, a XP tem estrela". Naquele momento, a XP andava a todo vapor na construção da corretora. Marcelo passou a liderar a área institucional, criada para receber dinheiro grande, dos fundos que quisessem investir no Brasil – até então, a empresa só lidava com o chamado varejo de investimentos, para pessoas físicas. Já dava para imaginar a explosão nas receitas, as ações nas alturas, a empresa tocando o céu. Euforia geral. A XP tem estrela... A XP tem estrela...

Resiliência e comprometimento. Até que surge a maior crise da história recente do mercado financeiro, a "crise do *subprime*" (das hipotecas de alto risco nos Estados Unidos). Só para refrescar a memória: aproveitando o crescimento da economia, os bancos americanos concederam empréstimos hipotecários para pessoas com duvidosa avaliação de risco. Uma farra imobiliária. Como os juros estavam baixos naquela época, os mesmos bancos ofereceram títulos lastreados nesses empréstimos para outras instituições e investidores ávidos por aplicações que trouxessem maior retorno. Era como se esses investidores aplicassem em um fundo com rendimento atrelado ao pagamento em dia das hipotecas. Só que o Federal Reserve (o Banco Central americano) aumentou a taxa básica de juros nos Estados Unidos. O resto da história é conhecido: um calote recorde nas prestações das hipotecas, o estouro da bolha e uma recessão mundial. Nos Estados Unidos, gigantes quebraram. Lehmann Brothers na lona. J.P. Morgan, Citi e Merrill Lynch com perdas bilionárias. Corretoras fechando as portas. Na Europa, Barclays e UBS em maus lençóis. Instituições financeiras agonizando e investidores em pânico. As pessoas estavam com medo de perder tudo. Por aqui, as previsões apocalípticas se multiplicavam. "O Itaú vai quebrar, o Bradesco vai quebrar. O efeito dominó não poupará ninguém. Será pior do que o *crash* de 1929", alardeava-se no mercado. Entre setembro e outubro daquele ano, a Bolsa brasileira fez cinco *circuit breakers* (interrupção dos negócios) em 17 dias, com o Ibovespa caindo mais de 10% sistematicamente. Ninguém queria mais investir em ações, todo mundo só queria salvar o seu dinheiro.

A XP, de repente, virou uma estrela cadente.

A crise pegou a empresa em um momento crucial, em pleno processo de estruturação da corretora, com um custo operacional grande para fazer a transformação. Para piorar, ninguém poderia prever a duração da turbulência financeira. Um mês? Dois? Um ano, três, cinco anos?

Passado o susto, sempre vem o choque de realidade. Houve um dia em que a gente demitiu de uma vez quase metade da empresa. Mais de 200 pessoas. Os sócios ficaram sem dividendos, não se gastava nem um centavo. Aperto total. Naquele momento, decidimos adotar a estratégia de Módulo de Sobrevivência Lunar. O princípio do módulo era o seguinte: se você tivesse que ir às pressas para a Lua em uma situação de emergência – digamos, em um cenário de devastação da Terra –, o que levaria consigo? Apenas o essencial para sobreviver. Você não iria carregar sua mochila, suas besteiras, suas frescuras para a Lua. Seria só o necessário, o imprescindível.

Pois a metáfora um tanto apocalíptica dava uma ideia do que os XPers estavam sentindo. Terra arrasada na corretora. Sendo assim, só restaram as pessoas, as áreas, as operações essenciais para a sobrevivência. Os sócios se mantiveram firmes, tentando estimular a equipe diminuta a continuar trabalhando – até porque não havia muita opção. Ninguém ali era herdeiro ou dono de outro negócio. Todos haviam dedicado anos de sua vida à XP. Não dava para simplesmente abandonar a empresa. Aquela fase tinha que passar.

Sentimento de dono. Ficou claro que o produto XP era frágil, extremamente dependente dos tempos de bonança. E aí está outro grande ensinamento para qualquer empresa: a necessidade de sempre ter um plano B, de não ficar refém de uma única receita. Tínhamos só a Bolsa (éramos vendedores de guarda-chuva em dia ensolarado) e naquele momento de tempestade ninguém queria correr risco. A XP aprendeu a lição da pior maneira e não lhe restou alternativa senão encolher. A partir daquele ponto, o movimento era um só: enxugar a empresa e quebrar a cabeça para aproveitar toda a estrutura em outros produtos ou serviços.

Era preciso também arrumar um jeito de manter viva a estratégia de educação financeira. Ainda que os brasileiros tivessem fechado a torneira dos investimentos, qualquer ação que mantivesse o nome da companhia em alta valeria a pena. Surgiu, então, a primeira campanha na televisão. Não havia dinheiro para contratar agência. O jeito foi entregar a tarefa para Bruno de Paoli, responsável pelo marketing, que fez o roteiro, contratou um profissional freelancer para captar e editar as imagens e foi à luta. De gasto mesmo, apenas os R$ 300 mil para veicular a peça "Transforme crise em oportunidade" nos canais a cabo, como era conhecida a ainda insípida TV fechada no Brasil. A locução era de um dos sócios, Rossano Oltramari. Dizia assim: "Neste momento de crise no mercado financeiro, você deve estar se perguntando: o que fazer com seu dinheiro? A XP Investimentos está lançando um ciclo de palestras para você aprender a transformar essa crise em oportunidade. São mais de 500 palestras gratuitas em todo o Brasil. Participe e descubra. Quem tem estratégia sempre investe melhor".

Essa campanha foi muito importante não apenas para manter o nosso nome em evidência mas também para mostrar às poucas pessoas que tinham ficado na XP que a gente acreditava na virada. É neste momento que a filosofia de meritocracia, que sempre foi um pilar da empresa desde a fundação pelo Guilherme e pelo Marcelo, ganha ainda mais força e escala. Queríamos o espírito empreendedor em todas as funções. Cada um ia cuidar de sua "caixinha", tentando abrir novas frentes de negócios, com liberdade para correr risco como se fosse dono daquele projeto. E já que queríamos uma empresa de donos também teríamos que remunerá-los como tal, oferecendo participação nos lucros e compra de ações. A partnership começava a tomar forma e se tornar um dos grandes pilares da companhia. Curiosamente, ela havia iniciado por necessidade quando no início do negócio Benchimol e Maisonnave ofereceram ações da empresa para a Ana Clara, na época uma estagiária totalmente fora da curva, que havia se formado na faculdade, mas eles não tinham condições de efetivá-la, funcionou com ela, e também com outros sócios brilhantes que gradativamente foram integrando o projeto.

Tão importante quanto isso era dividir o sonho. A sociedade compartilhada, na visão dos XPers, era uma via de mão dupla: você me ajuda a realizar o sonho de empresa e a empresa o ajuda a materializar o seu. Simples assim. Transparente assim. No final da festa, o bolo seria repartido, com a fatia proporcional ao desempenho de cada um.

Mas aquele ano de 2008 não era de festa, não tinha bolo. Havia muita coisa a fazer antes de pensar em lucro. Ainda assim, nós dizíamos: olha, isso aqui vai passar e nós vamos fazer esse negócio ficar gigante. Vamos colocar nosso nome na história. Nunca foi tão importante trabalhar o aspecto emocional de quem andava no módulo lunar.

A crise, para a felicidade dos sobreviventes da nave, teve um efeito moderado no Brasil – uma desaceleração econômica até

Você me ajuda a realizar o sonho de empresa e a empresa o ajuda a materializar o seu. Simples assim. Transparente assim.

leve quando comparada à recessão sofrida por outros países. Naquele 2009, o humor dos XPers já era outro e a estratégia motivacional bateu mais forte. O mote das campanhas internas agora era: "O que não nos mata nos fortalece". Passamos o ano ajeitando a casa.

Nossa estratégia de colocar a cara na "rua" enquanto todas as outras corretoras se retraíam ajudou um bocado nesse processo de recuperação. Ainda que não tenhamos crescido em termos de receita, pois ninguém estava investindo, abrimos muitas contas de investidores que queriam ajuda – funcionamos como uma espécie de consultoria no caos financeiro. Isso fez com que nosso *share* aumentasse. Quando o mercado se recuperou, estávamos bem maiores do que no início da crise.

Em novembro de 2010, o fundo americano Actis comprou por R$ 100 milhões uma participação minoritária na XP (com *valuation* de R$ 500 milhões). Foi tudo para o caixa, pois a corretora precisava de dinheiro. E de garantias para operar em Bolsa.[27] Para que a XP pudesse operar mais e consequentemente crescer mais era preciso aumentar essas garantias.

A chegada de um fundo poderoso foi importante não apenas pela capitalização imediata, mas pelo fato de também empres-

---

27 Um percentual do valor que a empresa opera é dado como garantia para evitar prejuízos, segundo as regras do mercado de capitais. (N. E.)

tar, digamos, uma maior senioridade à empresa. Houve, pela primeira vez, um conselho de verdade, formado por gente de fora, estrangeiros que se reuniam a cada três meses para discutir os rumos da empresa. Ganhamos um respeito maior do mercado. Até então éramos vistos no tradicional e sisudo sistema financeiro como um monte de garotos vivendo uma aventura – éramos conhecidos como a "corretora dos garotos". Ter um fundo internacional do nosso lado mudava o cenário – era o sinal de que "gente grande" começou a apostar nos "meninos". Lembro-me, especialmente, da primeira reunião do conselho, feita toda em inglês. Soava como um símbolo de maturidade na empresa.

Fizemos, naquela época, uma campanha interna denominada "Rumo ao topo". A meta era ser a maior corretora de investimentos do Brasil.

A campanha "Transforme crise em oportunidade" e sobretudo a chegada da Actis aumentaram enormemente a visibilidade da empresa. Essa notoriedade, em ano de recuperação econômica, também serviu para atrair os olhares de agentes independentes. Foram inúmeros contatos de profissionais interessados em representar a XP em suas regiões. Veio outro estalo: a gente entendeu que não fazia mais sentido ter escritórios próprios. Se usássemos o modelo de afiliados, poderíamos avançar rapidamente, crescer sem custo, baseados no risco dos outros – como um sistema de franquias. Você tem alguém lá na ponta, que é o sócio afiliado, louco para fazer a sua pequena empresa decolar. É bem diferente de ter um funcionário, contratar um gerente para um escritório, inflar os custos. O afiliado usaria o sobrenome XP e teria uma comissão de vendas. Um bom negócio para os dois lados. Pedro, que já tocava a rede de escritórios próprios desde 2007, era o cara ideal para liderar o projeto das franquias da XP. Em pouco tempo, havia centenas de agentes autônomos no país.

Reinvenção. Enquanto fortalecia a sua rede, a empresa continuava buscando alternativas. Se houve algo de bom na crise de 2008, foi a certeza de que era preciso ter um modelo de negócios à prova de conjuntura – até porque a Bolsa ainda andava de lado naquele ano, uma notícia não exatamente ruim para um período pós-crise, mas insuficiente para nossa ambição. Em 2010, eu, Pedro, Guilherme, Bruno de Paoli e Gabriel Leal, todos sócios importantes da XP, fomos aos Estados Unidos conhecer os eventos organizados por duas gigantes, a Charles Schwab (alguma dúvida de que eu visitaria a Charles?) e a Pershing. A gente queria entender para onde o mundo financeiro caminhava. E constatamos, logo de saída, algo que já havíamos imaginado: os Estados Unidos estavam vinte anos à frente em nosso mercado. Lá, 90% do dinheiro investido por pessoas físicas não rendia nos bancos, mas nas instituições independentes. Por que não replicar isso por aqui? Era hora, portanto, de copiar e colar o que os americanos estavam fazendo. Foi então que trouxemos para o Brasil o conceito de shopping financeiro, que nada mais é do que ter vários produtos em um único lugar. Uma plataforma de investimentos, que levaria a XP ao olimpo.

Não havia motivo para esse movimento não acontecer no Brasil. O monopólio do dinheiro estava sendo quebrado no mundo todo e os bancos sabiam que mais cedo ou mais tarde a tendência chegaria por aqui. O acesso à tecnologia e a consequente democratização da informação aceleraram o processo. As pessoas começaram a questionar as taxas absurdas das instituições tradicionais, a burocracia, a prática do toma-lá-dá-cá dos gerentes, sempre preocupados com suas metas. Era o prenúncio do movimento das fintechs. Com um programa adequado de educação financeira, de alcance nacional, esse novo comportamento do cliente consciente, disposto a comparar serviços e produtos, poderia ser potencializado. Resumindo, a XP tinha uma grande oportunidade de se apresentar como alternativa ao novo investidor. Era a antítese dos bancos e dominava, como poucas corretoras, a ciência de educar investidores. Fez isso com a renda variável. Bastava ampliar o leque para a renda fixa e demais produtos.

O nome do jogo era "aumentar o *share of wallet*". Explica-se: com um só produto no portfólio, por mais que se faça um trabalho incansável de abertura de contas, o alcance é sempre limitado. A cada dez investidores que a gente visitava, cerca de

30% deles tinham apetite para as ações. Ainda assim, aplicavam no mercado de risco só 30% (no máximo) de seu capital reservado para investimentos. É um índice muito baixo. Ao oferecer uma cesta de investimentos com todos os produtos, a empresa passaria a atender 100% dos investidores e atrair 100% do capital disponível. Um excelente movimento, mas que implicaria uma mudança radical na XP. Seria preciso formar gestores de portfólio e não mais trabalhar apenas como um *broker* de ações. O operador não poderia ligar e dizer: "Vamos comprar Petro, porque o momento é bom". Sua função, agora, seria a de sentar com o cliente, entender a vida financeira dele, sugerir alternativas. A margem por produto seria menor, mas o tal *share of wallet* compensaria o esforço no médio prazo. O conceito de shopping financeiro foi a declaração formal de guerra aos bancos. O jogo ficaria muito mais pesado.

Na teoria, tudo certo. Mas era preciso convencer os corretores dos escritórios afiliados de que a XP estava mudando e eles deveriam se adaptar aos novos tempos. Não foi uma tarefa fácil. O percentual que eles ganhavam por transação era muito maior na venda de ações do que na venda de produtos de renda fixa. Foi aí que entraram em campo os "catequizadores" da XP, uma turma de profissionais que rodou o Brasil para convencer os vendedores a abraçar o shopping financeiro – bem como instruir a rede de escritórios a usar novas ferramentas comerciais, de gestão, adotar boas práticas, conhecer indicadores gerais de performance. Enfim, mudar o *modus operandi* dos afiliados. Eu coordenei essa estratégia, à qual demos o nome de Operação Everest. Queríamos, afinal, chegar ao topo do mercado. Thaís Aquino, uma de nossas "catequizadoras" na época, lembra-se bem dessa fase de reconstrução:

> *Eu viajava o Brasil inteiro. Ficava três semanas em cada escritório, conversando com todo mundo, traçando o perfil comportamental de nossos afiliados, identificando os líderes e ensinando as práticas que passaríamos a adotar a partir daquele instante. Foi bom para entender os problemas de cada*

região, de cada afiliado e também para corrigir as práticas da própria XP em relação à rede, de modo a criar uma sintonia maior com os parceiros. Se estávamos falando de uma espécie de franquia XP, então era preciso padronizar serviços e procedimentos. Foi uma jornada longa, cansativa, mas vitoriosa. Passamos a falar a mesma língua, a compartilhar os mesmos sonhos. A partir dali a XP retomou o caminho do crescimento.

Pronto. O plano B, C, D... Z estava na rua. Se houvesse outra crise, a empresa até poderia sentir o baque. Mas pelo menos teria alternativas antes de entrar no Módulo de Sobrevivência Lunar II.

No final de 2010, a XP era a maior corretora de valores do Brasil em volume de transações.

Mais ou menos nessa época foi a criação da Expert, um evento que o Pedro liderou e que deu muito certo. Inspirados nas feiras da Schwab e da Pershing, nas quais havia bastante interação entre a corretora, agentes autônomos e afiliados, decidimos replicar por aqui esses encontros físicos com nossa rede. O curioso é que, quando visitamos as feiras americanas, deslumbrados com o que estávamos vendo, imaginamos que só seria possível reproduzir algo daquele tamanho e com aquela organização na XP em dez anos. Trouxemos a Expert em dois. E caprichamos: eram três dias de evento, com teor altamente motivacional. O primeiro era dedicado ao alinhamento, à história do "para onde vamos". No segundo, falávamos de propósito. A ideia era engajar a turma em uma causa: salvar o Brasil dos investimentos ruins. E, no terceiro dia, vinha a celebração, sempre em grande estilo. Lembro-me especialmente de uma vez em que trouxemos, para uma palestra, Paulo Storani, ex-capitão do Bope, uma das inspirações para a construção do personagem Capitão Nascimento, do filme *Tropa de elite*. Ao final de sua apresentação, apagamos as luzes e uma turma de XPers ficou do lado de fora, batendo na porta, gritando "vamos invadir". A plateia estava apreensiva. De repente, eles entram – alguns vestidos de preto, outros com a cara pintada. Aproximam-se de cada agente, cada corretor e falam "tamo junto, tamo junto, veste a camiseta" e entregam as camisetas com o logo da XP. A galera saiu enlouquecida do evento. Isso diz muito sobre o clima daquele momento.

É bem verdade que tivemos de maneirar um pouco nas edições seguintes. A empresa começou a ficar mais sóbria, até mais careta. De qualquer forma, os Experts continuam rolando e fazendo sucesso. Na última edição, 40 mil pessoas participaram do evento.

Sonho grande. Dois anos depois de iniciarmos todos esse trabalho de reinvenção, veio uma nova rodada de investimentos para a XP. Dessa vez, com o fundo de *private equity* americano General Atlantic (GA), cujo portfólio no Brasil inclui empresas como Smiles, Linx, BM&FBovespa e Peixe Urbano, entre outras. A XP recebeu R$ 356 milhões por 31% de participação – na transação, a Actis também vendeu para a GA metade da posição que tinha: seus 20% viraram 10%. Mas a XP, àquela altura, já valia R$ 1,38 bilhão, quase o triplo do valor de quando a Actis entrou, em 2010. Ou seja, foi uma operação linda para a Actis. E melhor ainda para a XP. A corretora imaginava abrir o capital antes da chegada da GA. Mas Martin Escobari, o principal executivo do fundo para a América Latina, convenceu Guilherme Benchimol a mudar de ideia, com uma analogia mais do que convincente: "Quando você vai para um IPO, tem um novo piloto no carro. Quando você se associa a nós, tem um copiloto. Ativo e presente, mas que não toca o negócio". Não é difícil imaginar que aquilo soou como música para os ouvidos do Guilherme.

Naquele momento, o modelo de shopping financeiro e assessoria de investimentos estava descendo forte na rede. A XP já contava 300 escritórios, havia multiplicado por dez a captação de investimentos em relação a 2010, o dinheiro entrava fácil nos cofres da companhia. Em 2013, vieram as operações internacionais, com filiais em Nova York e Miami. A gente dizia que a XP seria maior que o Itaú. E todo mundo compartilhava desse sonho.

O sonho vinha embalado em uma campanha chamada "Acorda Brasil", que eu trouxe de meus estudos sobre a Charles Sch-

Fechei o livro sobre a Schwab com a certeza de que aquelas páginas vão continuar inspirando novos capítulos de nossa história.

wab. Foi control C, control V mesmo, uma cópia fidedigna da "Wake Up America", estratégia da Schwab para convencer os americanos a trocar os bancos pelos serviços e produtos que ela oferecia.[28] O momento para replicar a campanha parecia perfeito. A presidente Dilma Rousseff estava derrubando a taxa de juros no Brasil. Não fazia sentido deixar o dinheiro na poupança. A gente rodou o país fazendo palestras para mostrar às pessoas as taxas abusivas e os serviços péssimos dos bancos. A guerra ao *establishment* continuava.

A receita total da XP passou de R$ 420 milhões em 2014 para R$ 1,3 bilhão em 2016. E então o Itaú-Unibanco entrou na história com seus quase R$ 6 bilhões para firmar a sociedade com a corretora.

Fechei o livro sobre a Schwab com a certeza de que aquelas páginas vão continuar inspirando novos capítulos de nossa história.

---

28 CAMPOS, Elisa. "Quero ser Schwab". *Época Negócios*, 9 nov. 2011. Disponível em:< https://epocanegocios.globo.com/Informacao/Resultados/noticia/2012/11/quero-ser-schwab.html>. Acesso em: 12 jun. 2019.

PEDRO ENGLERT

Próximos passos

Tocar uma empresa hoje é bem mais fácil para mim. Aliás, é bem mais fácil para nós três. Testamos muita coisa na última década de XP, corremos o mundo atrás de conhecimento, buscamos referências de vários setores, estudamos os gargalos dos processos atuais de gestão. Enfim, nos preparamos para desenhar um modelo de negócios capaz de acompanhar o dinamismo da nova economia. Se não é perfeito – e nunca haverá o sistema perfeito –, ele tem o mérito de amarrar boas práticas e reduzir ao máximo os riscos para a empresa, venham eles de intempéries econômicas ou do surgimento de novas tecnologias ou novos concorrentes. A maneira como envolvemos pessoas, alinhamos interesses e desenvolvemos projetos foi, portanto, transformando-se, potencializada por esses *inputs* dos grandes centros de inovação e das maiores escolas de empreendedorismo do mundo. Das crenças, dos valores e da experiência de cada um de nós, nasceu o modelo aplicado hoje na StartSe, em sua plenitude, e nas demais empresas nas quais somos sócios, ainda em etapas. É esse modelo, transformado em método, que eu, Glitz e Marcelo queremos compartilhar nas próximas páginas.

A PERGUNTA DO EMPREENDEDOR É: "POR QUE NÃO?"

MARCELO MAISONNAVE

O empreendedor tem que buscar resolver um problema. Muitas vezes, vejo a preocupação em criar "o" produto, mas é raro alguém se sentar à minha frente e dizer, por exemplo: "Marcelo, eu não aguento mais essas taxas de crédito pessoal. Fui tomar um dinheiro ali no banco e me cobraram 8%. Não é um problema só meu, eu sei, e por isso mesmo estou pensando em desenvolver um negócio para baratear custos e tornar a operação mais ágil. Pode ser um cartão de crédito diferenciado, uma plataforma de *peer to peer lending*. Não sei ainda, mas estou estudando o assunto". Ótimo. O ponto de partida é perfeito. Ainda que esteja só na teoria, esse candidato a empreendedor segue a linha de raciocínio exemplar: pensou no problema e fez o mapeamento para trás, inverso. Por que não reduzir as taxas de crédito? Por que não destruir intermediários e oferecer alternativas ao consumidor? Por que não lançar um novo tipo de transporte, reinventar a forma de consumir música, de comprar livros, de assistir a vídeos, de pedir comida? Entendo que a fórmula deva ser esta mesma: pense na solução e vá remontando as fases anteriores. O produto será consequência da sua observação sobre a ineficiência alheia. Onde tem ineficiência, tem margem gorda.

Consta que a motivação de David Vélez para montar o Nubank veio não apenas da percepção de que havia uma grande concentração bancária no Brasil mas também de uma experiência corriqueira e triste por aqui: visitar um banco para abrir uma conta e obter um cartão de crédito.[29] Começou com a porta giratória apitando diversas vezes até que ele esvaziasse os bolsos (moedas, chaves, celular), tirasse o cinto, o relógio etc. e terminou com Vélez gastando a tarde inteira para ser atendido, assinar um monte de papel, perceber que teria uma taxa de manutenção de conta absurda e que seu cartão chegaria a sua casa em 15 dias úteis – ainda assim, ele teria de voltar ao banco para cadastrar a senha. Pior experiência, impossível. Sendo assim, ele criou o próprio cartão – ou melhor, a própria empresa.

O que Vélez fez? Estudou o mercado, avaliou as lacunas, viu que era possível oferecer cartões sem anuidade, contratou três craques em TI para montar uma plataforma digital que desse agilidade aos pedidos e aprovações dos cartões, firmou parceria com uma emissora e colocou o carro na rua. Competir com o Itaú ou o Bradesco, logo na saída, seria impossível. Mas suas pesquisas mostraram que havia uma turma no mercado, o pessoal de 25 a 30 anos, que estava extremamente infeliz com as condições oferecidas em seus cartões de crédito. Se criasse um discurso melhor naquele produto para aquele cliente específico, talvez tivesse uma chance. Então ele vai, encontra um nicho, ajusta daqui, ajusta dali, melhora o serviço, coloca milhas, distribui de forma mais rápida – porque é totalmente digital – e vê que seu cartão foi bem aceito pela galera. Opa, a estrada está aberta. O placar favorável o anima a tentar pegar a turma acima, de até 40 anos. Também vai atrás do perfil de 19, "desbancarizado". Dá certo. Ele vai ganhando um jogo por vez, aos poucos, sempre aprimorando serviços e tecnologia. O resumo da história do Nubank é o seguinte: ele transformou a experiência ruim da agência bancária em uma ideia. Que virou um produto. Que virou uma startup. Que se transformou em um unicórnio.

---

29 BIGARELLI, Barbara; OLIVEIRA, Darcio; SÔNEGO, Dubes. "Até onde vai o Nubank?". *Época Negócios*. Disponível em: <https://epocanegocios.globo.com/Empresa/noticia/2017/02/ate-onde-vai-o-nubank.html>. Acesso em: 19 jun. 2019.

Pense na solução e vá remontando as fases anteriores. O produto será consequência da sua observação sobre a ineficiência alheia. Onde tem ineficiência, tem margem gorda.

Entendeu o jogo? Detecte a ineficiência alheia, olhe de verdade para o que o cliente quer e entre sem bater – com muita tecnologia e sem esquecer o seu propósito.

Se olhar para as empresas em que eu, Glitz e Pedro investimos, vai perceber a mesma coisa. A Warren nasceu para combater a ineficiência na gestão de recursos. A Bee foi criada para enfrentar as taxas abusivas e a burocracia nas operações de câmbio. A StartSe uniu startups e investidores em um ecossistema para fomentar o empreendedorismo. E a lista segue assim: todas as empresas com um propósito bem definido, uma estratégia precisa, ganhando um jogo por vez. E crescendo a uma velocidade impressionante.

Propósito e soluções: essas são as chaves para transformar uma ideia em produto e o produto em um negócio com boas perspectivas de emplacar.

PEDRO ENGLERT

Crie mercado

Quando a XP começou, apenas 50 mil pessoas investiam no mercado de ações. Era preciso disputar esses clientes com todas as empresas que já estavam na estrada – e os diferenciais que a XP poderia oferecer eram muito pequenos. A saída para se distinguir das demais era tentar buscar justamente quem não estava na mira das corretoras, ou seja, criar um mercado. E como se cria mercado? Mostrando primeiro que ele é atrativo, interessante. Glitz já mencionou em capítulos anteriores a estratégia de educação financeira. Trazíamos o possível cliente para uma palestra gratuita e, em vez de dizer "vem abrir a conta", a gente falava: "Vem aprender". Havia uma série de gatilhos para engajar o potencial investidor naquele assunto, porque o passo seguinte era convencê-lo a comprar um curso sobre a Bolsa, ao qual demos o nome de "Aprenda a investir em ações". De cada 40 pessoas que iam à palestra, mais ou menos 10 compravam o curso. No curso de 30 pessoas, eu faturava R$ 300 por aluno, ou R$ 9 mil no total. Custava R$ 3 mil para organizá-lo e sobravam R$ 6 mil, que usávamos para encher a palestra e reiniciar o ciclo. Então, o custo de aquisição era zero. Ao final dos cursos, o professor, um funcionário da XP, que já havia criado uma autoridade e era uma pessoa relevante para os alunos, convencia-os a abrir uma conta e experimentar o mercado acionário, a testar na prática toda aquela teoria de sala de aula. Como disse Glitz, ninguém paga R$ 350 em um curso chamado "Aprenda a investir em ações" se não quiser realmente investir em ações. Os cursos, portanto, eram a antessala da venda de corretagem. Assim, a XP criou mercado.

É a mesma lógica usada na StartSe. O mercado de ecossistema de startups ainda é pequeno, mas tem grande potencial. Em vez de tentar criar alguma coisa para quem já estava nesse universo, a empresa apostou justamente em quem sonhava em ser empreendedor ou investidor em startups, mas não tinha acesso às informações e nem mesmo uma rede de contatos para levar o sonho adiante. Esse mercado represado precisava emergir. Faltava apenas tirar o tapume para trazê-lo à tona. Foi isso que a StartSe fez: mostrou que ele existia, capacitou as pessoas, apostou em conteúdos relevantes para engajá-las e costurou conexões poderosas para criar o ambiente fértil a futuros empreendedores, potenciais investidores e empresas interessadas em *corporate ventures*. A partir daí, com uma boa estratégia de *upselling*, como veremos adiante, é possível criar uma série de filhotes, que crescem, se tornam relevantes e dão origem a novas gerações de negócios e receitas. Um círculo virtuoso que, se bem dosado, é capaz de alimentar uma trilha de projetos com uma engenharia financeira cada vez mais sólida. É a startup produzindo outra série de startups dentro de sua estrutura.

Alinhe interesses

Isso, para a gente, é um mantra. Se os interesses não estão alinhados na empresa, eu tenho que empurrar, controlar, gerir muita gente. A XP só não quebrou em 2008 durante a grande crise financeira porque havia ali 15, 20 pessoas remando para o mesmo lado para aprumar o barco. Imagine se não houvesse alinhamento de interesses e naquele momento o chefe dissesse à turma: "Olha, galera, vou ter de cortar o salário de vocês porque a empresa está afundando". Provavelmente, ele ouviria respostas nada delicadas de seus funcionários, além de provocar uma debandada geral na empresa. Interesses alinhados, portanto, fazem as pessoas sonharem com as mesmas coisas e remarem na mesma direção. Na alegria e na tristeza. Essa é a teoria.

Na prática, há uma série de etapas a serem cumpridas para buscar esse alinhamento.

Contexto x controle

Falamos de propósito e de compartilhamento de crenças, que eu entendo serem prerrogativas para qualquer organização.

Ora, se temos os mesmos sonhos e acreditamos que é possível alcançá-los, somando o seu e o meu conhecimento, então, já saímos de um bom ponto de partida. Ocorre que entre sonhar e realizar há um longo caminho, que vai além de boa vontade, garra, conhecimento ou disposição. É preciso olhar para toda a estrutura, para o movimento de peças dentro da empresa, cuidar para que a engrenagem funcione de uma forma que maximize talentos individuais a favor do coletivo – ou seja, que priorize os objetivos comuns.

Pense nas organizações tradicionais. Elas trabalham com um sistema de controle rígido sobre pessoas, departamentos, processos. E o controle tradicionalmente ocorre da seguinte forma: as pessoas vão crescendo na empresa e aquelas que mais se destacam assumem cargos de maior autoridade. Quanto mais crescem, mais longe da produção ficam. Passam a controlar as atividades da turma de baixo em vez de usar seu talento para criar, inovar, trazer mais receitas. Tem-se, então, as melhores pessoas com os melhores históricos gastando boa parte do seu tempo e sua energia como "fiscais" dos subordinados, apenas gerindo-os. Claramente, é uma ineficiência no processo. E um desperdício. Se o melhor funcionário estivesse produzindo, a empresa certamente cresceria de forma mais rápida.

O correto, a meu ver, é fazer com que a companhia inteira consiga entender aonde os sócios querem chegar. Se você vem trabalhar comigo e eu não o alinho na mesma visão, com o sonho, com o propósito, mostrando quais são os nossos limites, o que a gente está olhando, quanto a gente pode gastar, tenho que controlar o tempo todo. Esqueça isso. Compartilhe todas as informações e todos os objetivos e dê as condições necessárias para que todo mundo trabalhe com a maior autonomia possível, de modo a atingir aquele ponto comum. Troque o controle pelo contexto. É o contexto que une as pessoas.

Ouvi pela primeira vez essa tese de contexto versus controle em uma palestra de Martin Spier, um brasileiro que lidera a área de performance da Netflix, no Vale do Silício. Ele contou que a empresa faz eventos periódicos de integração e adota o procedi-

Entre sonhar e realizar há um longo caminho, que vai além de boa vontade, garra, conhecimento ou disposição. É preciso olhar para toda a estrutura.

mento de redigir cartas trimestrais para que todos os funcionários conheçam os objetivos, o estágio atual dos projetos, os números da companhia, as aspirações futuras, o papel de cada núcleo de negócios naquele determinado período, as estratégias para alcançar as metas... Enfim, uma conexão direta com a equipe, um alinhamento de visão e de interesses com transparência total, sem filtros, sem represamento de informações. Isso é o contexto.

Na StartSe, a gente copiou os eventos da Netflix, um *benchmarking* perfeito para nossas aspirações. Fazemos trimestralmente encontros para colocar todo mundo na mesma página. E há reuniões mensais com cada líder de área para discutir os rumos da empresa.

Ao dar o contexto, eu não preciso, portanto, controlar as atividades. Passo a ter liberdade para agir, desde que, obviamente, a exerça com responsabilidade – daí a necessidade de ter feito um excelente processo de recrutamento para saber se o candidato tem ou não condições de jogar com essa liberdade. O nome disso é **comprometimento**, o que nos leva a outro ponto importante da estratégia do contexto: não dá para ter uma equipe muito júnior, inexperiente, sob o risco de ter de voltar, inevitavelmente, ao sistema de controle. É preciso contar com um perfil de profissionais mais experientes, que entendem as regras do jogo e desenvolvem seus próprios meios para atingir o resultado.

Quando a cumpre essas etapas – o recrutamento certeiro, a transparência, o contexto, o alinhamento e a autonomia –, a empresa percebe dois efeitos imediatos. O primeiro é criar uma dinâmica bacana entre as pessoas, porque ninguém quer ser vigiado. Diz Spier, da Netflix: "Contrate pessoas boas e dê liberdade". É preciso ter profissionais nível A na empresa – "A" sempre quer trabalhar com "A", o que eleva a excelência da equipe. São pessoas cientes das decisões e dos riscos que podem tomar e livres para criar a própria dinâmica. Falamos de ausência de processos no capítulo 5. Lembra-se? Se eu ficar o tempo todo dizendo aos bons profissionais como fazer isso ou aquilo, eles vão embora. São mais inteligentes que isso. E podem usar essa inteligência criando uma empresa concorrente. Está mais fácil empreender, não se esqueça disso.

O segundo ponto é uma questão econômica. Com o contexto, eu elimino camadas de controle (uma hierarquia de diretores e gerentes, por exemplo). A lógica é a seguinte: se a minha intenção é monitorar um funcionário, tenho que pôr alguém tão bom ou melhor que ele para essa função. Então, acabei de criar camadas hierárquicas caras, desnecessárias e contraproducentes. Sim, engessei um monte de gente talentosa na tarefa exclusiva de controlar alguém ou um time. Assim, elevo meu custo fixo e, consequentemente, aumento o risco do negócio. Na Netflix, não há cargos, pois o cargo protege o profissional. "Ah, eu sou o diretor. Eu sou o CEO. Eu sou o CFO." Não, você não é um cartão de visitas. Você é Fulano, o outro é Beltrano, eu sou o Pedro e nós estamos juntos nesses objetivos. O resto é perfumaria.

a) PLR

Cumpridas as fases iniciais do comprometimento estratégico, do compromisso manifesto de remar junto, cria-se o incentivo para manter em alta esse espírito dentro da empresa.

Estou falando da política de PLR (Participação nos Lucros e Resultados), que nada mais é do que uma forma de alinhar todo mundo na contratação das despesas e das receitas da empresa. Na StartSe, nós repartimos 25% do resultado entre todos da equipe. Estou falando da última linha do DRE (Demonstrativo do Resultado do Exercício), sim. Estabelecemos metas e distribuímos esse percentual do lucro líquido ao final de cada semestre. Em nosso modelo, cada uma das áreas tem um peso, uma nota atrelada ao cumprimento dos objetivos e ao alinhamento estratégico. Por essa conta, as áreas recebem a fatia proporcional do bolo do PLR. E a dinâmica é repetida em cascata para as pessoas, com os mesmos indicadores: um múltiplo de performance + relevância na empresa + alinhamento (adesão à cultura). Ou seja, é preciso que as metas individuais trabalhem a favor das metas gerais.

Regras do PLR

1. 25% do lucro (pode ser Ebitda) será distribuído entre todos os funcionários a cada semestre.
2. Cada área da empresa recebe uma fatia desse bolo, que dependerá do peso x performance x alinhamento.
3. Cada pessoa da área recebe um pedaço da fatia respeitando o mesmo critério acima (cascata).
4. O gestor é quem divide o bolo da sua área.
5. A porcentagem deve ser relevante para gerar alinhamento.

Há variações no mercado no que diz respeito ao percentual de bônus. Particularmente, não acredito em PLRs irrelevantes, de 1%, 2%, 5%. Tem que ser algo que realmente cause impacto no bolso das pessoas. Dizer para alguém: "Se você gerar mais R$ 100 mil de resultado eu vou te dar R$ 25 mil" tem uma influência muito maior no desempenho do que falar, simplesmente: "Bata as metas que eu te dou mais um salário". Percebe a diferença? Assim, todo mundo passa a olhar para o resultado e para os detalhes de custo. Nesse momento, você cria um ambiente colaborativo. O seu gestor deixa de ser aquele cara que só cobra para ser o sujeito que vai orientar e o incentivar a maximizar os resultados, fazendo o balanço ideal entre receita e despesa. Inverte-se a lógica tradicional de comando. Aquela história de "um contra todos" passa a ser "um a favor de todos", como você poderá ver abaixo.

> **Todos sentando no mesmo lado da mesa**
>
> **DESAFIO NÚMERO 1**
> - Todos sentando do mesmo lado da mesa.
> - PLR alinhada.
> - Gestor financeiro passa a ser quem ajuda e não quem cobra: "Quer contratar mais? Você sabe o impacto disso no seu bolso?".
> - Só contratamos quem quer empreender junto com a gente tomando "risco de oportunidade":
>   - O negócio é bom?
>   - As pessoas que tocam a empresa são competentes?
>   - Eu consigo criar valor nessa empresa?
>   - O meu sonho será realizado?
> - Salário baixo, risco baixo, empresa mais forte em todas as fases.
>   - Módulo de sobrevivência lunar.
> - Cuidado com o erro de atrelar PLR a número de salários.

No momento em que escrevo este livro, estou tentando comprar uma casa. Depois de uma negociação difícil, encontramos pontos comuns e o acordo seguiu para a área jurídica da imobiliária. Infelizmente, a advogada da imobiliária, por não ter uma atitude positiva em relação à negociação, fez com que o acordo se perdesse... Uma pena. O fato de eu fechar ou não aquela aquisição não impactaria em nada a vida dela. Eu era somente mais um cliente "chato" gerando mais trabalho. O que quero dizer com esse exemplo é que uma empresa que não tem cultura colaborativa, que não adota a meritocracia, ficará refém dos processos burocráticos e da avaliação isolada de um funcionário. Sem alinhamento, sem incentivos para "fazer acontecer", a advogada jamais estará empenhada em buscar alternativas que levem à conclusão do negócio, porque não tem incentivos para isso.

b) Deixe o profissional desconfortável

O PLR incute nas pessoas outro importante fundamento das empresas modernas: o de transformar os funcionários em empreendedores. Se eu quero alinhar pelo resultado, oferecendo consideráveis ganhos variáveis, isso pressupõe reduzir os ganhos fixos. O contratado tem que estar desconfortável, assim como eu, o dono do negócio, estou. Sabendo disso, ele ou ela tem que vir em uma condição de custo de oportunidade, com um salário menor. Você ganhava 10 mil no mercado? Vem para cá com 5 mil fixos e a oportunidade de triplicar isso se você bater as metas (é a regra pétrea da meritocracia: contracheques baixos para não inflar os custos e ganhos variáveis altos para quem tem bom desempenho). O colaborador tem que sentir o mesmo frio na barriga de quem está decidindo, está empreendendo, pensa o negócio. Salários altos, na nossa visão, mantêm os funcionários em uma zona de conforto. Agora, se você acredita na empresa, acredita nos gestores e acredita que também pode fazer a diferença (todo mundo no mesmo contexto... alinhado), a probabilidade de atingir os seus sonhos com a remuneração variável é imensa. É uma aposta? Sim. Mas uma aposta com boas chances de acerto. A StartSe vem multiplicando seus lucros de forma exponencial.

Em 2018, durante uma conversa, um candidato a uma vaga na StartSe me disse: "Minha função vale mais de 15 paus no mercado, era o que eu ganhava". Eu falei: "Cara, eu não estou contratando alguém da tua função, estou atrás de uma pessoa que queira empreender conosco. Tu te garantes? Se sim, vem pra cá ganhar menos no fixo, arrebentas e tu vais fazer bem mais no variável". Ele não veio. Paciência. Meu filtro deu certo. Ele não tinha, afinal, o perfil empreendedor que buscávamos.

A remuneração variável também tem a função de fazer o craque jogar bola. Está para o mundo corporativo como o "bicho" está para o futebol, só que é um bicho semestral vinculado às suas próprias conquistas. Acreditamos que gente boa tem que se arriscar. Não faz sentido se proteger atrás de uma estrutura.

Quando monto um processo com salários mais baixos do que o mercado, reduzo o meu risco, porque diminuo o meu custo fixo. Se os custos estão baixos, a empresa fica mais forte. Com uma empresa mais forte, tenho condições de sobreviver a eventuais turbulências – e também de arriscar mais. Os benefícios, portanto, são para os dois lados. Aos sócios principais, cabe a tarefa de desenhar as estratégias que façam com que a curva de lucro sempre suba e, obviamente, de comunicar com clareza os seus objetivos. À equipe, cabe ajudar na elaboração dessas metas, entendê-las e cuidar para que a engrenagem funcione perfeitamente, fazendo as contas necessárias para que a mesma curva não estacione – pensando sempre em como ter mais receita e menos despesa. É necessário contratar alguém? Será que precisa mesmo? Essa contratação serve para aliviar o seu trabalho ou realmente vai trazer ganhos consideráveis para o projeto, a ponto de pagar com sobras os custos e aumentar o seu PLR? O funcionário certamente vai fazer esses cálculos. Com 25% de PLR, eu não preciso controlar tanto as despesas das pessoas. Se alguém gasta R$ 2 mil em uma passagem que normalmente custa 800, está perdendo 300 no bônus dele. Percebe a mudança? Você, empreendedor, traz o time para seu lado. E se essa sintonia, de fato, acontecer, metade do caminho para o sucesso da empresa já está trilhada.

O risco do PLR e dos bônus em geral é provocar o que chamamos de alinhamento de curto prazo. O funcionário passa a enxergar apenas o próximo trimestre ou semestre, sem se preocupar com a perpetuação da empresa. Ele pensa: "Vou maximizar os resultados aqui e ganhar um baita PLR". O ponto é saber como ele maximizou os resultados. Gastando bem menos do que poderia? Se foi isso, é um risco. O produto será entregue,

Você, empreendedor, traz o time para seu lado. E se essa sintonia, de fato, acontecer, metade do caminho para o sucesso da empresa já está trilhado.

mas terá a qualidade ideal? Se não tiver, o cliente pode não renovar o contrato nos anos seguintes. Para o funcionário com a mentalidade de curto prazo, a coisa funciona assim: ele só quer saber das metas para os meses seguintes. Você poderia dizer: "Mas as empresas modernas não trabalham com planejamentos mais curtos, Pedro? Então, ainda que tenha um pensamento imediatista, ele estaria em consonância com a filosofia, afinal, as metas estão sendo cumpridas". Sim, as empresas modernas, já falamos em outro capítulo, trabalham no curto prazo. Mas os *sprints* curtos funcionam como trampolim para saltos maiores. É a tarefa trimestral que nos credencia a elaborar planos mais ousados, como se fossem degraus para validar ações de médio ou longo alcance. E não se esqueça: o bônus também é formado por um múltiplo vinculado ao compromisso estratégico. Esse compromisso é perene.

c) Contrate um sócio

Ainda assim, convém refinar e reforçar o alinhamento de longo prazo da equipe. Isso se faz com a possibilidade de compra de ações. Na StartSe, o funcionário que apresenta boa performance em três semestres seguidos se habilita a virar sócio. Ele passa, então, a raciocinar da seguinte forma: o PLR é meu curto prazo, mas a "porradona" mesmo vem com a ação. No fundo, o grande ativo está na perspectiva de sociedade em um negócio no qual ele mesmo poderá ter interferência direta para valorizar a empresa. Nesse momento, acredite, a chave da pessoa vira. Aprendemos isso na XP. Eu e Glitz começamos "pequenos" e depois nos tornamos sócios relevantes, que lideravam a empresa.

É um processo contínuo de evolução amarrado às ações. Se o funcionário cumprir sistematicamente as metas, renovadas a cada trimestre, ele carimba o passaporte para a sociedade e, em geral, usa os bônus como uma "poupança" para comprar mais ações. Assim, conquista mais relevância na estrutura e pode aumentar seus ganhos, em um círculo virtuoso de rendimento. Para a empresa dar certo, é preciso que todos ali realmente queiram ser sócios. É isso que chamamos de **sentimento de dono**, o motor de nosso crescimento. De novo, recorro a Spier, da Netflix: "Dê os incentivos e espere os resultados".

Hoje, 80% das ações estão nas mãos dos principais sócios. Os 20% restantes são divididos entre os demais candidatos à sociedade. Mas foi porque aconteceu assim, não há nenhum interesse em proteger esse controle. Amanhã, podemos dividir 30% – à medida que as pessoas ganham relevância, o bolo percentual pode aumentar. A turma do controle não vai mais crescer; aliás, a tendência é diminuir. Já combinamos: 10% do que cada sócio principal possui pode entrar na mesa. Criamos um sistema, uma *stock pool*, ou seja, uma reserva de ações em que sócios por performance poderão comprar sem se diluir. Só a gente se dilui, pois queremos realmente dar força a esse negócio.

Um aviso aos que pretendem implementar o sistema de distribuição de ações em suas empresas: não dá para fazer partnership de fachada. Ou você acredita verdadeiramente em sua efetividade ou convém nem começar. O empreendedor que disser "vou ceder o mínimo de participação porque quero ter o controle de tudo" vai se dar mal. A premissa é: ter sócio de qualidade, o sócio de performance, é bom porque ele vai criar valor para a sua empresa. É a pessoa que vai sonhar com você e que, provavelmente, tem *skills* que você não tem. Será uma peça importante para esse quebra-cabeça que é empreender. Sendo assim, crie um sistema de parceria com regras claras e deixe o cara entrar para valer.

Esse raciocínio vale não apenas para empresas que já são realidade no mercado mas também para aquelas que estão no comecinho de sua trajetória. Sim, é possível montar um sistema de compartilhamento de ganhos quando o negócio ainda se resume a você, seu capital inicial e sua coragem. Nesse momento, não há valor algum na mesa. Portanto, não faz sentido falar em "vender" uma participação de algo que ainda é uma promessa. Mas imagine que você conheça alguém que considere estratégico para o projeto. Fazer uma proposta salarial suficientemente sedutora a ponto de segurar esse profissional no negócio promissor – mas ainda incerto – seria inviável. A alternativa seria propor um salário fixo simbólico e estabelecer um ganho variável oferecendo ações com *vesting* (aquisição progressiva dos direitos sobre a empresa), sempre vinculadas ao desempenho e à permanência dele na empresa por, no mínimo, dois anos. Ele sela uma aliança importante agora e terá a recompensa lá na frente, desde que contribua para a sua valorização. É uma aposta? Sempre é. Mas empreender também é arriscar.

PLR = UM PROBLEMA / VISÃO DE CURTO PRAZO - SOLUÇÃO = PARTNERSHIP

CRENÇAS DA PARTNERSHIP
- Dividir para crescer
- As pessoas querem fazer parte
- Transparência
- Sociedade viva

Felipe Leal, ex-executivo da Gerdau e da Telefônica, hoje na StartSe, é um exemplo de que as apostas em empresas ou projetos iniciantes podem render bons frutos. Ele esteve com a gente, como visitante, em missões no Vale e na China. Gostou do que viu e, em uma conversa comigo, manifestou sua vontade de se juntar ao time da StartSe. Fiquei com aquilo na cabeça. Até que surgiu um trabalho para fazermos na Flytour (agência de viagens). A empresa queria que apresentássemos dez startups promissoras, pois estava interessada em investir no segmento. Perguntei ao Felipe se ele toparia me ajudar nesse trabalho. Ele aceitou, assumiu e arrasou: contribuiu para a triagem de startups, alinhou os *pitches*, preparou toda a estrutura. O projeto foi um sucesso. Detalhe: Felipe fez o serviço na "camaradagem", não cobrou nada. Depois da Flytour, eu disse a ele: "Vem empreender. Vamos fazer mais e tu vais ganhar no variável, nas ações da companhia". Em pouco tempo, tínhamos outros contratos e uma vertical nova na StartSe. A área de *corporate* nasceu ali, da abnegação de Felipe, do entendimento de que, no começo de um projeto, a união de forças é um investimento. A colheita vem depois.

d) Mova as peças

A partnership é um processo vivo. Só funciona se houver rodízio – aliás, ela é feita para que haja essa seleção natural. Os melhores para um período da empresa não serão necessariamente os melhores sempre, daí a necessidade do revezamento. Na StartSe, funciona assim: a cada seis meses, há uma reunião de conselho e ali se decide quem vai virar sócio, quem vai deixar de ser sócio, quem vai comprar mais ações. E aquele que estiver batendo meta poderá comprar ações daqueles que não vêm apresentando bom desempenho, a um valor descontado – ou seja, mais barato do que a avaliação da empresa (*valuation*) feita pelo mercado. No sistema atual, até é possível comprar ações diluindo o grupo (oferta primária), mas preferimos a diluição de um componente que não esteja com bom desempenho (oferta secundária), justamente para estimular o sistema de meritocracia.

Os critérios de compra e venda estão estabelecidos em um acordo de acionistas previamente assinado por todos na empresa. O *valuation* interno é de cinco vezes o lucro líquido dos últimos doze meses, mais o patrimônio líquido. O nosso mercado trabalha com um múltiplo de 20 vezes o lucro. Então, o funcionário que está comprando ações da StartSe hoje paga para quem está sendo diluído um quarto do preço que o mercado pagaria nela. Exemplificando: se você entrar hoje e o lucro for de R$ 1 milhão, a empresa, para você, vale 5 milhões. Digamos que tenha comprado 1%. Pagará R$ 50 mil. Se daqui a dois anos você sair e o lucro estiver em 10 milhões, você terá um percentual de ações em cima de 50 milhões. Supondo que seja 1%, venderá por R$ 500 mil. A única forma de ter um percentual em cima de um *valuation* de 20 vezes o lucro é a empresa ser vendida. Essa é a conta. Não tem discussão.

O que é fundamental para dar certo

VALUATION PRÉ-DEFINIDO
- Múltiplo de receita ou lucro
- Acordo com acionistas
- Critérios objetivos de avaliação
- Quando a empresa ainda não tem valor, tem que dar ação

Um pequeno trecho de uma reportagem densa na revista *Época Negócios* sobre Jorge Paulo Lemann resume muito bem essa história de meritocracia, que ele implementou ainda nos tempos de Banco Garantia e replicou por todas as suas empresas: "Premiar os melhores funcionários e dispensar os que não dão conta do recado é um darwinismo corporativo tão velho quanto o capitalismo. Inclusive no Brasil. A inovação de Jorge Paulo Lemann foi introduzir parâmetros capazes de eliminar a subjetividade. Basicamente, isso significa medir tudo. E não se distrair com amizades ou tempo de casa na hora de distribuir bônus. 'Nessa cultura não tem espaço para gato gordo', diz um ex-funcionário do Garantia".[30]

Uma primeira constatação: em um sistema meritocrático, como é a partnership, realmente não há brechas para condescendências. **A empresa vem em primeiro lugar sempre.** Não dá para proteger amigos ou privilegiar funcionários com muito tempo de casa. Gatos gordos à parte, o que ocorre com certa frequência nas empresas da nova economia é que aquela pessoa que foi muito boa para fazer a startup chegar ao estágio 1 pode não ser a pessoa correta para a fase 2. Por três razões:

A empresa evoluiu e precisa de habilidades diferentes.

O craque da fase 1 está em outro momento e não consegue mais entregar como antes.

Ele simplesmente não quer mais aquele ritmo alucinante de trabalho das empresas em formação.

Houve o caso de um excelente profissional da StartSe que chegou em uma quantidade de ações que considerava ideal e disse: "Não estou mais a fim dessa pegada forte. O que eu ganhei aqui está ótimo". E saiu. E é melhor que saia mesmo, sem qualquer ressentimento. O processo é assim. Na hora em que a empresa começa a insistir com pessoas que não estão mais alinhadas com o crescimento, ela passa a carregar peso (o gato gordo). Ora, se eu sou sócio na metade e você é meu sócio na outra metade, mas passa a não querer trabalhar e eu trabalho por nós dois para, no final, a gente dividir o resultado, você começa a me frustrar. E a tendência é que eu me canse de trabalhar por dois, com toda a razão. É aí que as empresas começam a morrer, porque vão nivelando a performance por baixo em nome da manutenção de alguém que não quer mais jogar como antigamente.

Imagine a situação:

---

30 TEIXEIRA, Alexandre; HESSEL, Camila; OLIVEIRA, Darcio. "O legado de Lemann". *Época Negócios*, abril 2008. Disponível em: <http://epocanegocios.globo.com/Revista/Epocanegocios/0,,EDG82833-8374-14-4,00-O+LEGADO+DE+LEMANN.html>. Acesso em: 23 mai. 2019.

Em um sistema meritocrático, como é a partnership, realmente não há brechas para condescendências. A empresa vem em primeiro lugar sempre.

Se o funcionário A trabalhasse igual ao B, a empresa valeria 100. Mas o A resolveu pisar no acelerador e graças ao esforço dele a empresa chegou em 200. O A tem 40% daquele projeto, os 60% restantes estavam nas mãos de B. Como A foi melhor que B, é justo que ele compre um naco da participação do parceiro. Essa relação se transforma, digamos, em 50%-50%. Ora, A aumentou e seu quinhão e B não perdeu – ao contrário. Seus 50% agora valem mais do que os 60% de antes. É justo que isso aconteça porque houve, de certa forma, uma contribuição de B em alguma fase daquela trajetória. Mas tem um detalhe: o desempenho de B está caindo. Sinal amarelo para ele. A roda viva da partnership estará de olho.

Ou, então, a seguinte situação:

Eu e tu fizemos uma empresa valer 100. A gente tem 50% cada um. Aí entra uma terceira pessoa e cria mais uma linha de receita para a empresa valer 200. Se a gente der mais 10% para o novato, fica com 45% cada um. Acompanhe: eu e tu

*tínhamos 50%. Valia 100. Agora a gente tem 45% de 200 e
ele, 10% de 200. Beleza. Eu não perdi nada. Primeiro, porque
a ação foi vendida, e por um valor que ele ajudou a criar. Só
vale 200 hoje porque a pessoa entrou. E com 10% de ações, ele
começa a sua jornada para ajudar vocês, cada vez mais,
a aumentar o bolo.*

No livro *Feitas para durar*, James Collins fala de dois tipos bem característicos de profissionais nas organizações de hoje: o *time teller* e o *clock builder*. O primeiro é o artista, o sujeito que "olha para o céu e sabe dizer a hora". Ele dá o show, tem a solução na ponta da língua, é focado nas minúcias. Mas seu valor dentro da empresa é limitado porque ele não dissemina o conhecimento, entesoura seu talento natural. O *time teller* não constrói *equity* (ativos), o limite do que ele faz é... ele mesmo. Na hora em que não estiver mais ali, aquele projeto ou departamento ou tarefa acaba. O segundo, *clock builder*, é justamente o oposto. É o profissional que constrói o processo. Ele entendeu a arte do *time teller* (embora não seja necessariamente tão talentoso quanto este) e montou as ferramentas, a dinâmica, um *modus operandi* para ser compartilhado. Consegue ter a visão ampla do negócio, compartilha ensinamentos e divide os créditos. Todos em sua equipe passam a entender a engrenagem do relógio.

> **Quem constrói a empresa e a torna mais forte tem que virar sócio**
>
> - **Clock builder**: constrói processo, tem visão ampla do negócio, prepara outros membros do time
> - **Time teller**: artista, focado em minúcias, todo potencial está nele mesmo

Posso ter os dois no meu time. Aliás, é bom que eu tenha os dois na empresa. O *time teller* provavelmente exigirá um salário mais alto e aumentará seus ganhos no PLR. Mas quem realmente cria *equity* e vai virar sócio é o *clock builder*, pois é ele que perpetua a empresa.

Na StartSe, houve um bom exemplo de um *time teller* transformado em *clock builder*. Amanda Lopes é um fenômeno na venda de eventos e cursos. Craque, sensacional. É uma *time teller*. Seu índice de conversão em vendas é impressionante. Ela entende os clientes, é persuasiva, sabe o momento exato de oferecer o produto. Seu talento é inquestionável. Mas, até bem pouco tempo atrás, se a Amanda saísse da empresa, aquele *know-how* deixaria de existir para a StartSe, porque não havia um processo "Amanda" de vendas. Era a arte de uma pessoa só, que tem de ser muito bem paga para isso, mas não tem necessariamente que ter *equity*, não tem que virar sócia. Porque, até então, ela não estava disseminando sua arte. Até que Amanda decidiu criar um processo, um Treinamento Amanda de Vendas. Entrou um novo funcionário, que ela fez sair do patamar x para 3x. Pronto. Ela criou um ativo na empresa. Isso tem um valor especial. Hoje, ela é sócia.

Cabe aqui uma rápida explicação do porquê de nós não adotarmos o sistema de *stock options* como benefício para o time. Muitas empresas o utilizam, mas, em nossa visão, esse modelo de incentivo financeiro alinha o funcionário só na alegria e não na tristeza. Uma *stock option* pressupõe um direito futuro a exercer a compra de ações, por um valor predeterminado pela empresa. Exemplo: você é um feliz funcionário que acaba de ser contemplado com a opção de comprar, por R$ 10 mil, determinado lote de ações daqui a dois anos. Mas vamos supor que, em dois anos, a empresa tenha enfrentado sérios problemas e as ações tenham se desvalorizado. Seu direito acaba de virar pó. Afinal, você não vai querer exercer sua opção de comprar ações com problemas, pagando mais do que deveria. Ah, mas tem o outro lado. A empresa pode ir muito bem e essas ações darem um salto. Sim. Aí você, feliz da vida, fará valer o seu direito. Ou seja, é um "prêmio" vinculado ao crescimento da ação. Pois bem. O ponto de atenção é o comprometimento gerado por esse modelo. A *stock option* não dá ao funcionário a mesma visão do dono. Porque, se a ação não crescer, o contemplado, ainda que lamente a situação, não vai perder dinheiro, apenas deixar de ganhar, pois não é obrigado a comprá-la. Percebe a sutileza? Em nosso modelo, a remuneração variável (em que o contemplado assume o compromisso de comprar a ação no momento em que é convidado a ser sócio) funciona como um bom casamento: juntos na alegria e na tristeza. Assim, ele é estimulado a manter a performance que o credenciou à sociedade, pois se a ação não valorizar ele perde dinheiro. Alinhamento total é a regra número 1 de qualquer parceria bem-sucedida.

Direcione e meça

Sim, somos devotos do OKR (Objective and Key Results). No fundo, todos os parágrafos acima apontam para uma única direção: OKR. Trata-se de um processo eficientemente simples de gestão, cujo conceito foi criado pelo ex-CEO da Intel, Andrew Grove, e celebrizado pelo Google. Hoje, vários ícones do mundo digital o utilizam, como LinkedIn, Uber, Twitter e Spotify (*benchmark* é uma coisa muito boa, nós gostamos por aqui. *Lifelong learning*, não se esqueça disso). O OKR é a síntese da nova economia: enxuto e dinâmico. Claro que colocamos o nosso DNA, a nossa visão, fizemos adaptações, mas o princípio é o seguinte: ele existe para criar alinhamento e engajamento em torno de metas mensuráveis, que são frequentemente definidas, medidas e reavaliadas, geralmente a cada trimestre. A principal atribuição é estimular a autonomia e a criatividade de cada time para o cumprimento dessas metas.

Vamos à definição básica do método:

Objetivos: descrição qualitativa, elaborada de forma simples e fácil de memorizar, do que se pretende alcançar. O objetivo tem que inspirar, fundamentalmente.

Key Results [Resultados-Chave]: conjunto de métricas que medem o seu progresso em direção ao objetivo.

Na hora em que a empresa começa a insistir com pessoas que não estão mais alinhadas com o crescimento, ela passa a carregar peso.

Os modelos tradicionais de formação de objetivos e metas eram feitos, exclusivamente, de cima para baixo, acordados em reunião de diretoria, sem o envolvimento do grupo de funcionários. Decidiam-se o objetivo e a forma de fazer no andar de cima e ponto-final. O resto da turma se encarregava apenas de executar. No sistema de OKR do Google, por exemplo, 40% da decisão é definida pela cúpula, responsável por passar a direção geral ao time. Os 60% restantes dessa decisão (o como fazer) são definidos por cada indivíduo da empresa. Mônica Duarte Santos, *head* de Recursos Humanos do Google para a América Latina, em artigo para o portal do Sebrae, fez uma analogia bacana para explicar esse modelo de decisão.[31] Imagine um time de futebol em que o presidente do clube defina: "A meta é ser campeão brasileiro de futebol da série A". O técnico do clube, ao receber 40% desse OKR (a direção é ser campeão),

---

31 SEBRAE. *Saiba o que é e como implementar a metodologia OKR*. Disponível em: <http://www.sebrae.com.br/sites/PortalSebrae/artigos/gestao-de-metas-como-implementar-a-metodologia-okr,a67875d380a9e410VgnVCM1000003b74010aRCRD>. Acesso em: 16 maio 2019.

define, com seu grupo, o restante para isso acontecer: "Importar táticas consagradas da Europa, contratar jogadores de peso, treinar mais, ensaiar jogadas etc.". Autonomia e compromisso, essa é a cartilha do OKR. É a cartilha da StartSe.

A frase a seguir resume bem o conceito de OKR: eu vou (objetivo) medido por (resultados-chave).

Detalhe importante: no sistema de OKR todos têm acesso às metas de todos. A informação é compartilhada. Transparência na veia, sem filtros. É isso o que pregamos na nossa empresa.

E como construímos as metas? Mirando sempre um número, um objetivo que, a princípio, soa inalcançável. A partir daí, monta-se cada etapa para alcançá-lo. Sonho grande, lembra-se? Um episódio que vivemos na StartSe ilustra bem o que estou dizendo. Estávamos nos primeiros meses de atividade. Trabalhamos muito, nos esforçamos e fizemos R$ 1 milhão de faturamento. Show. Ao chegar a esse número, reunimos a turma e dissemos: "Agora, vamos para R$ 1,2 milhão". Alcançamos R$ 2,7 milhões. O próximo passo, um pouco mais ousado, seria de R$ 4 milhões. Então, Glitz, que ainda estava em viagem, mas mantinha contato direto conosco, sugeriu: "Não, gente. Nada de pensar em 4 milhões. Vamos para os 10 milhões". Claro que o time ficou um pouco desconfiado, dava para perceber no olhar das pessoas. Mas é aí que acontece a mágica. Primeiro vem o susto, depois a aceitação. Em seguida, a cabeça começa a armar estratégias para atingir o objetivo. O cérebro passa, então, a assumir como viável aquela cifra aparentemente inalcançável. A partir daí o que se vê é um esforço coletivo de criatividade para encontrar os caminhos que permitam quadruplicar o resultado. Ninguém está pensando mais nos R$ 4 milhões. Apenas dois números, 1 e 0, piscam na mente das pessoas, como luzes de uma pista de dança. Aí, pode acreditar: a turma fará o resultado. Foi o que aconteceu na StartSe. Aliás, chegamos muito mais longe do que isso, como você verá nas próximas páginas.

Gustavo Caetano, CEO da Samba Tech, líder na gestão e distribuição de vídeos on-line na América Latina (considerada uma das empresas mais inovadoras da região, segundo a revista *Fast Company*), me contou uma história simples que resume essa dinâmica do número mágico. Certa vez, ele reuniu sua equipe e estabeleceu como meta quintuplicar o faturamento. Uma das diretoras, assustadíssima, virou-se para ele e disse: "Nossa, Gustavo... Será mesmo? Para atingir um objetivo assim, teríamos que investir mais em marketing, aumentar o número de escritórios regionais, reforçar a equipe, adquirir mais capacidade tecnológica... É loucura". Gustavo interrompeu a diretora: "Ótimo, você já tem o plano. Vamos em frente".

8
A REGRA É CLARA: SEM CULTURA, NADA FEITO

EDUARDO GLITZ

Faça um bom acordo de acionistas

Para que a partnership seja viável e evite qualquer ruído na entrada ou saída de um sócio, é preciso, antes de tudo, dispor de um ingrediente fundamental: a transparência. É esse o óleo que vai mover a engrenagem. A transparência vem com um acordo de acionistas muito bem feito, uma experiência que trouxemos da XP e replicamos na StartSe. A relação entre todos na empresa deve ser, obviamente, pautada pela confiança, mas convém ter cláusulas de proteção para eventuais distorções. Por exemplo, eu não posso pegar uma grana e recomprar todos os meus sócios ou o controle a 5 vezes o lucro e vender no mercado a 20 vezes o lucro. Há gatilhos para evitar práticas assim. Para tudo o que fazemos na StartSe, tem de haver consenso. Existe um conselho de partnership que detém o controle da empresa, e não se faz nenhuma transação de ações sem o aval desse conselho. Eu só posso tirar um sócio se os detentores de dois terços das ações concordarem. E se alguém quiser sair, só a partnership compra. Tudo claro. Com regras. Sem brechas e sem atalhos. Se fizermos algo errado ou injusto, a relação de confiança se quebra – e a partnership, com todas as coisas boas que ela proporciona, acaba.

Um bom acordo de acionistas é o que amarra todas as pontas. Recomendo a quem esteja elaborando o documento – seja o fundador, o principal sócio ou um conselho – ter sempre ao lado um especialista em direito societário. Desculpe-me se esse conselho soa um tanto óbvio, mas acredite: há muitas empresas iniciantes, em franco crescimento, que não consultam advogados para a tarefa. E outras tantas nem sequer têm um acordo de acionistas. Sei do que estou falando, pois interagimos com centenas delas. Um especialista pode ajudá-las, portanto, a evitar possíveis armadilhas, a aparar as arestas que possam criar alguma confusão ou dubiedade. Lembre-se: o documento deve ser claro, objetivo, sem margens para dupla interpretação.

Apenas para ilustrar esse tópico, eis alguns princípios básicos do acordo de acionistas da StartSe:

a. **Avaliação da empresa** – estabelecer o "*valuation* interno" é o princípio de tudo. Para efeito da partnership, na StartSe, o *valuation* interno ficou em cinco vezes o lucro líquido da empresa dos últimos doze meses, mais o patrimônio líquido (cabe lembrar que o mercado trabalha normalmente com um múltiplo de 20 a 30, como dissemos no capítulo anterior). Essa conta vale para entradas e saídas de sócios. Ou seja, o entrante compra ações com desconto.

b. **Avaliação de entrantes** – ocorre a cada seis meses, em reuniões de um conselho formado pelos principais sócios, exclusivamente para cuidar da partnership. Desde o primeiro dia, a pessoa passa a ter todos os direitos de sócio, como dividendos e participação em uma eventual venda.

c. **Prazo** – há um prazo de até dois anos para pagar pelas ações (uma aquisição progressiva, com a dívida corrigida pelo CDI, Certificado de Depósito Interbancário). Até que haja a quitação, 100% dos dividendos e 50% do PLR ficam retidos – com a finalidade exclusiva de saldar (ou ajudar a saldar) a dívida.

d. **Compras e vendas de ações** – o conselho da partnership tem a prerrogativa de, ao analisar performances, obedecendo a um sistema de metas e métricas de conhecimento geral, estabelecer compras e vendas de ações.

Para que a partnership seja viável e evite qualquer ruído na entrada ou saída de um sócio, é preciso, antes de tudo, dispor de um ingrediente fundamental: a transparência.

e. **Recomprar as ações** – a empresa tem a opção de recomprar essas ações a qualquer momento. Todos assinam uma opção de venda concordando que a empresa adquira essa participação pela métrica de *valuation* combinada.
f. **Possíveis imprevistos** – caso não pague o valor integral da quantidade de ações acordada, o sócio receberá o proporcional de ações equivalente ao seu desembolso. Por exemplo: o combinado era receber 1% das ações, mas ele quitou metade. Ficará com 0,5%. Se não quiser mais ou se deixar a empresa, em um período inferior a dois anos, ele receberá o valor que pagou nas ações corrigido pelo CDI.
g. **A assinatura do acordo** – todos na empresa, sem exceção, assinam o acordo.

E se houver um erro de avaliação da empresa em relação à escolha de um sócio? O sistema também corrige. A companhia tem até dois anos para reconhecer esse erro e, como já foi dito, recomprar o montante, tendo como indexador o CDI. Lembre--se ainda de que o modelo de aquisição progressiva de direitos sobre o negócio (*vesting*) é um instrumento fundamental para corrigir eventuais distorções e reduzir decepções, além de ser um poderoso estimulante para o "eleito" continuar performando. O novo sócio sabe que, se a empresa estagnar, sua ação não valoriza, o PLR não cai na conta – e, sem o PLR, dificilmente ele fará caixa para quitar ou comprar mais ações. É um castelo em permanente construção, onde os acomodados não têm vez.

Houve o caso de uma empresa em que dois sócios fundadores, com ações equânimes, 50%-50%, estavam vivendo um momento um tanto conturbado. Um deles claramente se dedicava mais que o outro. A empresa crescia em virtude do esforço do primeiro, mas os dois colhiam os mesmos frutos. Depois de certo tempo, aquilo começou a incomodar, a causar frustração no sócio mais esforçado. Ele mesmo me contou a história e desabafou: "Pô, só eu corro para ganhar o jogo, mas a recompensa é repartida meio a meio". A solução mais óbvia em um sistema meritocrático seria esse sócio comprar uma participação do segundo. Mas, na prática, isso não funciona. É difícil imaginar qualquer sócio, tomado por uma improvável crise de consciência, dizendo ao outro: "Claro, você está certo. Tome aqui uma parte de minhas ações".

Então, sugeri o seguinte: "Tu podes dizer para ele que vocês vão pegar 10% das ações, 5% de cada um, e colocar na mesa, à disposição para um terceiro sócio. Então, cria um acordo de acionistas bem estruturado para estabelecer qual será o valor de ação e o critério de recompra. Faz uma pesquisa bacana, traz alguém com gás e conhecimento para se juntar à cúpula e começa a criar uma dinâmica de partnership, colocando mais agentes no caminho e abrindo, inclusive, a possibilidade de novas diluições em um sistema predefinido de compra e venda de ações. Vai criando essa condição objetiva de avaliação para todo mundo se mexer. Na hora em que o seu sócio acomodado perceber que tem gente boa entrando, fazendo a empresa valer mais e que poderá haver mais diluições de participação, ele vai se coçar". Ele seguiu o conselho e, até onde sei, os sócios se entenderam.

A meritocracia respaldada por um bom acordo de acionistas é um grande antídoto para a letargia.

MARCELO MAISONNAVE

Resultado e cultura: a empresa está em primeiro lugar

A partnership é uma forte aliada no processo de crescimento da empresa, mas também tem suas armadilhas, sobretudo quando as cifras envolvidas aumentam exponencialmente. Ainda que a grande divisão do bolo esteja vinculada às metas gerais, uma parcela importante vem das performances individuais – é a somatória delas, afinal, que constrói o resultado. Na busca por se tornar cada vez mais relevante na empresa e proteger território – o rodízio inerente ao sistema de meritocracia –, o funcionário pode adotar um comportamento extremamente individualista que, se não for combatido, tende a contaminar o time. É um perigo. Conheço várias empresas que não conseguiram desarmar a arapuca. Eliminá-la talvez seja praticamente impossível, mas há meios de tentar, ao menos, minimizar o problema – desde que se consiga estabelecer métricas para a cultura da empresa. É o que estamos tentando fazer na StartSe.

Vou explicar melhor. Ao longo da trajetória das empresas, entram pessoas extremamente eficientes, mas não necessariamente alinhadas com a cultura interna. Uma equação complicada de resolver, que vai depender do momento vivido pela companhia. Imagine um batedor incansável de metas, que traga a cada semestre uma receita importante. Mas esse mesmo camarada não é exatamente do tipo que pensa no bem comum, que age com respeito às pessoas e aos valores da organização. Mantê-lo seria um risco para o bom ambiente. Expulsá-lo seria uma perda financeira. Em um cenário de relativa tranquilidade nas contas, em que quase todos estão batendo suas metas, provavelmente essa figura acabaria fora da empresa. Mas o que dizer de uma companhia com dificuldades no caixa? Abrir mão de um fazedor de resultados, ainda que ele seja um desagregador, poderia comprometer o balanço.

O problema de manter pessoas com esse comportamento e dar cada vez mais espaço a elas é a inversão de valores. Você começa a olhar para a receita e não para a cultura. E, uma vez destruída a cultura, esquece... Dificilmente vai recuperá-la, porque aquela pessoa vai atrair outros como ela, pelo simples fato de que o sinal já foi dado: a empresa é permissiva com profissionais assim. A tentação de minimizar o problema em nome de resultados financeiros de curto prazo pode, portanto, comprometer os planos para o longo prazo. Talvez não seja um bom negócio. Ou talvez seja, para algumas empresas. No fundo, vai depender do jogo que os sócios estão dispostos a encarar. A XP teve problemas dessa ordem. Havia um sujeito tão tomador de risco que a empresa queria que ele tivesse muitas ações, acreditando que, dessa forma, conseguiria alinhá-lo um pouco mais, fazê-lo desacelerar – afinal, mais dinheiro dele estaria em xeque. Era um remédio alternativo para um problema específico. Na minha opinião, uma distorção no sistema, de duvidosa eficácia no longo prazo.

Em minhas reuniões com Pedro e Glitz, sempre reservamos um momento para tratar de cultura, vital para as empresas nas quais atuamos como conselheiros ou gestores. Lembro-me de uma ocasião em que detectamos uma distorção na StartSe – parecida com o que havia ocorrido no exemplo acima, da XP. Mas prescrevemos um remédio diferente. Era um funcionário importante, eficiente, só que apresentava um temperamento um tanto agressivo, fora dos padrões estabelecidos pela empresa. Houve uma, duas, três conversas para tentar convencê-lo a pegar mais leve. Não deu certo. Ele era bom, fazia 20%, 30% do resultado. Mas dane-se, não queríamos. A cultura é soberana. Ele foi substituído. E quer saber? A roda continua girando.

O sistema que desenvolvemos para a StartSe é uma combinação de duas matrizes essenciais para qualquer empresa: a performance e a cultura. Ok, medir desempenho é fácil. Meta, receita, vendas, produção... Existe um monte de indicadores quantitativos, sem margem para subjetividades. Mas colocar métricas na cultura de uma organização é um pouco mais complicado. Estamos falando, afinal, de comportamento, um "indicador" carregado, muitas vezes, de teor interpretativo. Mas ainda assim é possível estabelecer alguns critérios para monitorar o ambiente de trabalho. Partindo da premissa de que cultura deriva de valores, o primeiro ponto é definir com clareza os valores da empresa e comunicar a todos as nossas crenças. Qualquer funcionário terá que saber na ponta da língua o que entendemos por transparência, ética, respeito, compromisso, diversidade etc. Também saberá que somos informais, objetivos e que não damos espaço a panelinhas ou a individualismos exacerbados. Definida a nossa carta magna, é preciso divulgar, escrever na parede se for possível, fazer eventos trimestrais sobre o assunto, falar sobre ela na entrevista de emprego, reforçar no primeiro dia de trabalho... Feito isso, posso cobrar. Escolhemos realizar semestralmente a avaliação de cultura estabelecendo um cruzamento com as metas de performance. O "fator" cultura pode reduzir ou aumentar em 20% o valor pago na remuneração variável.

Acompanhe o quadro a seguir:

Uma pessoa de performance baixa e cultura baixa (quadrante inferior esquerdo) nem deveria ser contratada. Se já contratei, não pode ficar na empresa, porque não entrega nada. Esse é fácil de resolver.

A pessoa de performance alta e cultura baixa (quadrante inferior direito) é *tricky*. É o melhor ou a melhor vendedora, mas fala mal da cultura da empresa. Bate a meta individual, mas puxa o tapete do outro. Pensa apenas no curto prazo, não tem nenhum comprometimento. Desmotiva a equipe. Apesar de ter trazido vários clientes, essa figura não permite que a empresa cresça, pois contamina o ambiente. Na avaliação de cultura, vai aparecer que ninguém quer trabalhar com ele ou ela. Um primeiro passo é tentar aculturar – tirar a pessoa, afinal, não é uma decisão exatamente indolor para a empresa. Mas, sinceramente, acho muito difícil fazer essa conversão cultural, então, via de regra, ela também estará fora.

Restam-nos, então, os dois quadrantes superiores. O da esquerda tem a cultura forte, mas a performance baixa. Esse é o profissional do time, coração, tem a empresa no peito. O que a gente faz: treinamento, *coaching*, suporte. Com esse membro, vale a pena gastar o nosso tempo, trazê-lo para as reuniões estratégicas, ajudá-lo no cliente, trabalhar com ele no fim de semana se for preciso... Acreditamos que é possível converter alguém de cultura em um cara de cultura e performance.

Por fim, o nosso funcionário ideal está no quadrante superior direito. É o sujeito que faz a empresa andar. Pode ter vindo pronto de algum lugar com alta performance e boa cultura ou ter sido preparado por nós. Esse é o quadrante que vai perpetuar a empresa, o dos fortes candidatos a sócios. Estão no topo da cultura e no topo da performance.

Acima deles, em destaque, vem minha tropa de elite – os sócios principais. São eles que vão ao quadrante da esquerda (a turma que tem cultura, mas falha na performance) puxar os funcionários para cima. Dentro da partnership, a gente tem que conseguir achar esses perfis aqui, porque são eles o modelo para toda a engrenagem. O time tem que saber que essa atitude, esse jeito de ser, esse formato é a síntese da empresa. É a partir dessa tropa de elite que todo o negócio se desenvolve. Eu preciso de uma equipe que tenha a cultura e a execução perfeitas para fazer a coisa funcionar. "Crie um time, porque é o time que vai

É a partir dessa tropa de elite que todo o negócio se desenvolve. Eu preciso de uma equipe que tenha a cultura e a execução perfeitas para fazer a coisa funcionar.

criar a empresa", dizem os investidores de *venture capital*. É para startups assim que eles olham primeiro.

Uma startup só anda com pessoas realmente dispostas a colocar a empresa em primeiro lugar. Estamos falando afinal de uma organização em formação, que precisa de atenção integral e muito jogo de cintura de seu time para validar projetos e negócios. Não dá para desperdiçar dinheiro, muito menos tempo. A StartSe vai criar um novo curso? Então, vamos fazer um protótipo. Mas quem dará a aula? Um dos profissionais da tropa de elite ergue a mão e diz: "Eu dou o curso". Ele estuda, deixa de estar com a sua família naquele dia, vai lá, dá a cara à tapa, acerta, erra, tenta de novo. Até que acha o modelo. Esse é o tipo de pessoa que a gente quer, com uma energia que contagia os outros. Ele lidera pela execução, sobe ao palco, vai à reunião, dá entrevistas, faz a planilha, vem no sábado, ajuda quem está em dificuldade. É um *clock builder*, mas talentoso como um *time teller*. A combinação perfeita.

PEDRO ENGLERT

Existem dois grandes erros do empreendedor no Brasil. O primeiro é querer lançar um superproduto na largada e o segundo é olhar só para o produto e não para os aspectos econômicos dele. De nada adianta a grande ideia se você não criar condições para transformá-la em um negócio, entender a dinâmica capaz de viabilizar sua aceitação, distribuição e escala. Startups de sucesso começaram a pavimentar esse caminho com uma metodologia simbolizada por quatro letras: HELL. Uma sugestiva sigla para quem é obrigado a atravessar o inferno se quiser brigar com gigantes, certo? Coincidências à parte, o HELL, neste caso, nada tem a ver com as trevas. Na verdade, pode ser considerado o oposto: uma luz para ajudá-lo a acelerar a empresa, em um ciclo rápido de experimentação de produtos e projetos. Trata-se da abreviação do inglês Hypothesis [Hipótese], Execution [Execução], Learning [Aprendizado], Loop [Volta]. Inspirados nesse conceito, adotamos um modelo de macroestratégia para startups que também pode ser identificado por uma sigla: HVNE (Hipótese, Validação, Negócio, Escala). Hipótese é a ideia, o produto inicial, que teremos de validar para transformá-lo em negócio e, uma vez consolidado esse negócio, arrumar formas de dar escala à operação, aumentando a oferta e criando uma trilha de produtos ou serviços derivados. Essa é a teoria.

Para explicar como funciona, nada melhor do que dar exemplos de projetos reais (apenas as cifras são hipotéticas) da aplicação de nosso HVNE.

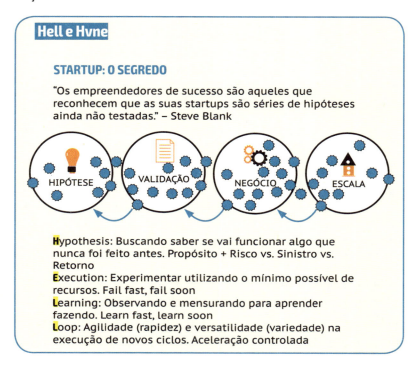

Na StartSe, ensinamos todas as pessoas a analisar suas ideias utilizando a fórmula dos 4 "Ps" (falamos dela no capítulo 5). Para relembrar:

1. **Propósito:** o projeto está alinhado com nossas crenças e objetivos? É bom para a marca?
2. **Potencial:** qual é o benefício esperado? Gera engajamento, gera audiência?
3. **Probabilidade:** qual é a chance de sucesso?
4. **Perda:** eu suporto o sinistro?

Imaginemos que a resposta seja sim para a primeira e a segunda perguntas. A terceira ainda é uma conjectura, que leva, inevitavelmente, para o quarto "P": a relação risco-sinistro. Para lembrar: o risco é o quanto eu posso gastar para tentar validar aquele negócio. O sinistro é o tamanho da minha perda se não der certo.

Vamos ao exemplo:

Na StartSe, quando já contávamos mil alunos em cursos digitais e presenciais aqui no Brasil, surgiu a ideia de lançar uma Missão no Vale do Silício. Precisávamos impactar mais as pessoas, mostrar a elas o que estava acontecendo no Vale. A hipótese: levar as pessoas até lá, o que reforçaria o nosso propósito e nosso caixa – o projeto poderia ser bem rentável. Uma ótima ideia. Vamos tentar validá-la. O que a gente precisa fazer para colocar esse negócio na rua? Bom, já tínhamos o site com um bom fluxo e muitos clientes que haviam participado de algum curso presencial ou on-line, sempre bem avaliados. Era preciso elaborar uma programação de visitas e palestras. Marcelo e Mauricio Benvenutti estavam no Vale, conheciam o circuito que poderia interessar aos potenciais participantes da missão. Teriam de preparar uma agenda de visitas, de uns cinco dias talvez, fazer contato com possíveis palestrantes, adaptar o conteúdo que a gente já tem e adicionar outros temas para as apresentações e workshops, além de negociar alianças com eventuais parceiros. Por aqui, a gente cria uma *landing page* (página para captar contatos), bomba uma campanha de vendas nas redes sociais e vê no que dá. Perfeito. O custo é baixo, cerca de R$ 2 mil pelos nossos cálculos, e a perspectiva é alta. Fizemos as contas e decidimos cobrar US$ 3 mil – a passagem e hospedagem ficam por conta dos alunos. Se dois ou três comprarem, já temos US$ 9 mil. Só que não estamos pensando em dois ou três, mas, sim, em quinze. Estou falando de US$ 45 mil de resultado potencial para um gasto de R$ 2 mil. Muito bom. O projeto trazia uma hipótese e mostrou o seguinte: que o meu risco era gastar R$ 2 mil. E o meu retorno era fazer um produto de US$ 45 mil, que a gente nem pensava em escalar ainda. Uma equação bem promissora que nos estimulou a colocar o carro na rua.

Avalie as respostas que eu tinha. **É bom para a marca? Está alinhado com o meu propósito?** Sim, é uma baita missão. Quem acompanha nossos cursos, vai em nossas palestras, nos ouve falar da experiência no Vale, das mudanças tecnológicas, de um novo mindset vai querer ver o eldorado de perto. **Qual é o benefício esperado?** Há uma enorme possibilidade de aquilo causar uma transformação na vida do cliente. Essas experiências, disseminadas por vídeos e depoimentos, podem gerar grande engajamento e audiência, abrindo espaço para novas missões. **Qual é a chance de sucesso?** Enorme, a estrutura está praticamente pronta. Nossos cálculos mostram R$ 2 mil de custo para uma receita potencial de US$ 45 mil. Temos, portanto, uma boa probabilidade de gerar dinheiro – além de trazer uma receita extra, em dólar, eu diversifico minhas atividades, retenho os frequentadores de nossos cursos e posso aumentar consideravelmente minha carteira de clientes. **Se der errado, qual é a perda máxima?** O sinistro são os R$ 2 mil. O risco é não conseguir vender. **Eu suporto o risco?** Sim. Então, temos um negócio.

Antes de seguir em frente com os cálculos, cabe aqui abrir um parêntese sobre uma questão institucional importante para qualquer empresa. Pode acontecer, em algum projeto, de eu ter respostas positivas apenas para as duas primeiras perguntas do questionário de hipóteses. A ideia é boa para a marca e gera engajamento, mas não dá dinheiro. Um exemplo clássico: o apoio a um evento de Muhammad Yunus (economista e banqueiro bengali, pai do microcrédito, Nobel da Paz em 2006), cujo retorno será um verniz para a StartSe, porque tem a ver com propósito e valores. Não trará dinheiro, mas aumentará a visibilidade – uma grande ferramenta para negócios futuros. Ok. Vamos nessa. Se o jogo for 2 a 1 para aquelas nossas três questões, então vale a pena fazer, desde que se mantenha o primeiro ponto. A marca é algo sagrado. Eu posso até abrir mão de engajamento ou do dinheiro em alguns casos, jamais da credibilidade do nosso nome.

Voltando à Missão Vale. Vimos que era boa em termos de marca, engajamento e retorno. Fizemos a primeira, em um esforço gigantesco de vendas, e conseguimos boa adesão. Decidimos testar o **NPS (Net Promoter Score)**,[32] um indicador de satisfação e lealdade de clientes usado por diversas empresas. Fizemos ao nosso público a seguinte pergunta: "Em uma escala de 0 a 10, qual é a probabilidade de você recomendar esse produto?". Aquele que dá dez e nove, a gente chama de "promotor". É o sujeito que achou fantástico o produto. O que dá sete ou oito é o neutro, achou aquilo, digamos, "ok". De seis para baixo é o detrator. Na StartSe, sempre fazemos esse tipo de pesquisa para qualquer produto ou serviço. A conta é: percentual de promotores menos o percentual de detratores. Quanto mais promotores, melhor para seu NPS. As Missões do Vale têm um valor de NPS sempre maior que 80. Só para dar uma ideia, a Disney tem 60 de NPS. Criei o produto. Montei o negócio. NPS alto. Vou escalar.

---

32 O NPS foi criado em 2003 pelo consultor e escritor Fred Reichheld e pela Bain & Company.

CAC x LTV

Existe uma relação fundamental para quem quer dar escala ao seu projeto. Trata-se de CAC versus LTV. CAC é o custo de aquisição do cliente. Estou falando de investimentos em redes sociais, marketing digital, panfletagem, equipe de vendas, o que vou gastar para trazer o consumidor para a minha empresa. O LTV é o Lifetime Value, o retorno, o que sobra tirando custos e impostos. É o resultado que o cliente gera ao longo de sua relação com a companhia – a maneira de segurá-lo por mais tempo é identificar os seus interesses e aumentar a oferta de produtos e serviços que o mantenham conectado à marca. Pois bem. Quando o LTV é maior que o CAC, eu tenho um bom caminho para transformar a ideia em um negócio. Depois que o produto estiver na rua, ganhando tração, eu ajusto, maximizo, faço *upsell*, crio filhotes. E então vem a recorrência de compras e, quem sabe, em um futuro breve, um engajamento forte a ponto de transformar aquele cliente em um promotor de minha marca – o que reduziria os custos com aquisição digital. Percebe o ciclo favorável?

Antes de escalar a Missão Vale, é preciso voltar um pouco e dar um exemplo prático dessa trajetória, partindo do primeiro produto da StartSe. Sempre usando a fórmula do HVNE.

Quando a gente iniciou a StartSe, em 2015, a empresa contava com um cadastro de mil clientes, que haviam comprado nosso curso digital "Startup de A a Z". Gastávamos R$ 3 mil para colocar 100 alunos, ou seja, um custo de aquisição de R$ 30 por aluno. O valor do curso era R$ 100, e daí tirávamos R$ 20 de imposto e mais os R$ 30. A margem, portanto, era de 50%. Como só havia esse produto, o LTV de nosso cliente era de R$ 50. Então, eu, João Evaristo, Junior Bornelli, Caio Giolo e Luan Oliveira decidimos fazer várias campanhas de engajamento e audiência, usando muito as redes sociais, assessoria de imprensa e ferramentas como *members get members* (em que um usuário indica outro) para tentar reduzir o custo de aquisição. Chegamos a um CAC de R$ 20. Ou seja, a cada R$ 20 que eu colocava

O risco vai depender do seu resultado, obviamente. Sempre digo que o lucro é o fôlego do empresário, o moderador ou o estimulador de seu apetite para novas experimentações.

em uma campanha, eu trazia R$ 50. Melhorou, mas a receita ainda era baixa. Fomos, então, para a outra ponta da equação, o LTV. Poxa, a gente já estava vendendo o curso digital. Será que se a StartSe fizesse *upsell*, criasse um evento para esse mesmo cliente disposto a empreender, por R$ 500, ele compraria? Dado que o NPS está alto, gostam do produto, o CAC é baixo... Vamos tentar. Batizamos esse evento de Accelerator Day, um programa de aceleração para investidores e startups. Boa hipótese, legal para a marca, grande potencial de gerar dinheiro.

Reforço a aproximação com os clientes que já haviam participado do A a Z e um quinto deles compra o Accelerator Day. Então, a cada cinco, eu tenho mais R$ 500 – ou R$ 100 por cliente. São mais R$ 100 de LTV. Ora, com R$ 150 de receita (somando o A a Z e o Accelerator) eu posso, eventualmente, gastar mais em CAC. Posso ser um pouco mais agressivo no marketing porque tenho mais dinheiro para investir. Pronto: cheguei à etapa que é o sonho de qualquer empreendedor. Com todas essas contas, eu dominei o processo. A ciência está mapeada. E se ela está mapeada, não tem por que eu não acelerar ainda mais. Minha margem é muito boa.

A dica aqui é: **se o ROI (retorno sobre investimento) está favorável, senta a borracha.** É ganho incremental na veia dentro do processo.

A mão estava coçando, a cabeça a mil. Montei o curso digital, o cliente comprou. Fiz o evento, ele comprou. Meu NPS subiu. Engajamento forte. Será que nossos clientes não comprariam um tour empreendedor para o Vale do Silício por U$ 3 mil? Foi quando surgiu a Missão Vale do Silício.

Escalando o Vale

Suponha que, com a Missão, eu tenha aumentado para R$ 1000 o meu LTV. Minha margem está crescendo exponencialmente. O ROI está positivo, a startup pulsa para crescer. Nesse momento, eu não sou mais uma empresa de um ou dois produtos. Tenho condições de vender uma trilha deles. Seguimos.

Depois de certo tempo, havia uma fila de 300 candidatos querendo comprar a Missão, que atende 20 pessoas. Só que não conseguíamos fazer mais de um evento desses por mês. Então, pensamos o seguinte: se tem 300 na fila, é porque o produto está barato. O nosso NPS é alto, causamos uma supermudança na vida das pessoas que foram ao Vale. Se melhorarmos ainda mais a experiência, dá para cobrar US$ 5 mil na Missão. Você leu certo, sim: eu aumentei o preço. Tornei o produto mais premium e, ao mesmo tempo, criei uma alternativa para atender a fila de candidatos a conhecer o Vale. Eu seria um louco se ignorasse aquela demanda. Nasceu assim a Learning Experience: cinco dias no Vale, para 100 pessoas. Era melhor gastar o meu tempo desenvolvendo outro produto do que mexer em um evento que já estava estabelecido, rodando sozinho. A Missão faturava US$ 60 mil. A Learning poderia faturar cinco vezes mais. Assim, subimos o preço da Missão e mantivemos os US$ 3 mil para a Learning.

Na teoria, perfeito: a demanda da Learning aparentemente existia, dada a fila de espera. Eu aumentaria a oferta, o engajamento e elevaria as receitas. Mas achei que era muito arriscado vender a Learning Experience sem fazer um teste mais preciso com nossos clientes. Decidimos dar um passo para trás e desenvolver um produto mais simples. Nasceu, então, o Silicon Valley Conference, um evento no Brasil, com um tíquete mais baixo. Trouxemos o Vale para cá. Os maiores especialistas em inovação e estratégias da economia digital desembarcaram em São Paulo para falar com 2 mil pessoas. Sucesso absoluto. Ou seja, montei um produto para 2 mil pessoas, cobrando um tíquete baixo, com o objetivo de tentar captar 100 pessoas que pagariam US$ 3 mil para ir ao Vale. Ao entrar no cardápio, a conferência arrastou consigo a Learning. Hoje, a Learning é um dos produtos de maior procura na StartSe, com NPS de 90, o maior de todos.

Uma estratégia semelhante foi usada para montar a StartSe Internacional. Temos cursos digitais bombando no Brasil. Se os brasileiros gostam, por que não vender também para o mundo todo? A tese é de que a mesma dor que existe por aqui também existe em outros países, e o trabalho para desenvolver os cursos seria o mesmo. Como temos despesas em dólar para manter a equipe do Vale, seria bom termos receitas também em dólar. Aprendemos a fazer venda digital no Brasil e o time já está formado. Com isso, o custo do teste é muito baixo. Façamos as contas: para elaborar um curso com feras do Vale do Silício, mais a estrutura, digamos que eu tenha que desembolsar uns US$ 50 mil por mês. Provavelmente vou gastar seis meses para os testes, ajustes, recuos, avanços. A conta chega a US$ 300 mil. Qual é o risco? Não vender nada. Eu consigo suportar US$ 50 mil por mês de prejuízo? Hoje, consigo. Se der errado, faço seis meses e paro. *Stop loss*, *stop* curto, ou seja, paro de investir naquilo que está me fazendo perder recurso. Só que, se der certo, o retorno desses US$ 300 mil pode ser incrível. E tem sido realmente incrível.

Foi assim que a StartSe se tornou uma empresa global por completo, não apenas com produtos no exterior mas também com clientes.

O lucro é o fôlego, cuidado para não o perder

O risco vai depender do seu resultado, obviamente. Sempre digo que o lucro é o fôlego do empresário, o moderador ou o estimulador de seu apetite para novas experimentações. De nada adianta eu fazer todas as contas de nossa fórmula de criação de negócios se eu não conseguir calibrar, a cada nova tacada, a relação risco-sinistro. No início da StartSe, eu nem poderia pensar em arriscar US$ 50 mil por mês. Hoje, é possível. Talvez eu consiga aumentar essa cifra daqui a dois anos. E, fazendo isso, consigo medir o tamanho dos saltos sem colocar a empresa em perigo. Parece óbvio. E é. Mas, acredite, há muita startup mete os pés pelas mãos na hora de preparar novos pulos. É uma equação que tem que ser muito bem balanceada, avaliando fatores como custo e prazo, sob pena de ameaçar o negócio.

Para montar uma "filial" da StartSe na China, por exemplo, partimos do seguinte roteiro. O projeto passou pelas três perguntas iniciais. Legal. Precisávamos, então, testar o mercado. A primeira medida era mandar um de nossos sócios para lá. Escolhemos Ricardo Geromel, um cara com experiência no mercado internacional, que se juntou ao time StartSe em 2017. Ele teria seis meses para estruturar o negócio – um semestre nos parece um prazo razoável para avaliar a viabilidade de um projeto, trabalhamos com essa média na empresa. Quanto vai custar o prazo de testes do Geromel? Digamos que US$ 10 mil por mês, US$ 60 mil ao todo. Qual é o meu prejuízo máximo? Banquei o sócio lá por seis meses e não deu em nada. Perdi US$ 60 mil. Qual é a probabilidade de dar certo? Boa, eu diria que mais de 60%. Se der certo, o que acontece? A gente vai emplacar quatro missões por ano, pelo menos, e cada uma vai faturar US$ 100 mil. Ou seja, US$ 400 mil de receita. Tira imposto e custos diretos, sobram US$ 200 mil. Quer dizer então que eu vou gastar US$ 60 mil para tentar fazer US$ 200 mil no primeiro ano? Está bom. Além disso, terei uma base na China, o que é estratégico para o posicionamento da StartSe, uma vez que queremos estar nos principais centros de inovação do mundo.

O ponto aqui é: posso arriscar meus US$ 60 mil? Posso. E faz parte do jogo tomar esse risco, pois identificamos boas possibilidades de acerto. Temos o *know-how*, temos um executivo conhecedor da China, dominamos as ferramentas de aquisição digital e estudamos aquele mercado gigantesco durante anos. Portanto, a probabilidade de eu errar nesse negócio é muito baixa. E, ainda que erre, em seis meses eu paro o projeto. Seria simplesmente uma hipótese que não vingou, sem maiores danos – ou seja, o sinistro era aceitável. Para encurtar a história: o produto rendeu, apresentou NPS alto e margem bacana. A filial da China vai muito bem, obrigado. Melhor do que imaginávamos – já tem missão toda semana, além de uma área de inteligência que pode prestar serviços para empresas brasileiras interessadas naquele mercado gigantesco e altamente inovador.

O que estou dizendo é que, hoje, esse risco está adequado ao meu negócio. Se o sinistro máximo fosse quebrar a empresa ou queimar nossa marca, certamente eu não embarcaria. Porque seria uma aposta e não empreendedorismo, duas coisas bem diferentes que vamos detalhar mais para a frente.

Cabe aqui falar de uma medida importante para a calibragem do salto. Quanto mais a minha empresa trabalha custo, mais oportunidade ela tem de tomar riscos. Com as despesas controladas (sim, aquela velha história de que custo é que nem unha, tem de cortar todo dia), eu aumento a margem e elevo minha capacidade de geração de lucro. Tenho, portanto, mais fôlego para investir e experimentar coisas novas – além de um escudo para enfrentar eventuais solavancos. Assim, ganho mais espaço para manobras e faço a roda girar.

Esse é o conceito, a capacidade de gerar lucro funcionando como uma espécie de cama elástica para o salto. Mas... supondo que a retaguarda esteja em ordem, que a ideia apresentada a você pareça promissora e que a lógica financeira faça sentido, até quando se deve insistir em um projeto?

Erre, arrisque... mas não se apaixone

Para responder à pergunta do parágrafo anterior, é necessário, primeiro, estabelecer duas características imprescindíveis para qualquer empreendedor: muita racionalidade e nenhum amor. E, antes que alguém me acuse de ser frio e calculista, eu mesmo me encarrego disso: sou frio e calculista – com aquilo que deve ser precisamente calculado e encarado com frieza. O risco, por exemplo. Falamos, em capítulos anteriores, da importância de arriscar sempre, de dar liberdade para criar, errar e ajustar. Afinal, startup e risco são quase sinônimos. Mas essa experimentação deve ser feita com "*stop* curto". Se você acredita em um produto, em uma frente de negócio, seja o que for, mande ver. Teste e meça, mas sem se apaixonar por aquilo. Use a razão. Não está dando certo, dê o *stop*. Na StartSe, como já deu para perceber em vários exemplos anteriores, a gente acha que um semestre é o prazo ideal de testes. *Ah, eu vou tentar mais um ano, dois*, você talvez pense. Não, esqueça. Se for complacente com aquilo que não está rodando, pode perder a chance de investir em outro projeto que teria mais chance de emplacar. Gaste o dinheiro e a energia em outras crenças, para testar outra hipótese.

Não há tempo para insistências, o que não quer dizer que não haja espaço para erros. São coisas diferentes. No Vale do Silício, há uma expressão que define muito bem o que estou dizendo: "*Fail fast, fail soon, fail often*" (fracasse rápido, fracasse logo, fracasse frequentemente). O erro é parte do processo, também vale como aprendizado. Diz Jeff Bezos: "Eu tenho bilhões de dólares em erros". Perfeito. Mas, em todos eles, o senhor Bezos estabeleceu o seu prazo ideal e, quando foi preciso, mudou a rota, até acertar, seja alterando o produto ou simplesmente abandonando aquela ideia antiga para se concentrar na próxima.

A vantagem das startups é que elas são muito rápidas para fazer as transformações, para pivotar. Não têm hierarquias pesadas, comitês de aprovação, conselho e nem levam meses e meses para dar uma resposta sobre determinado projeto. Deci-

> **Quanto mais a empresa trabalha custo, mais oportunidade ela tem de tomar riscos. Com as despesas controladas, eu aumento a margem e elevo minha capacidade de geração de lucro.**

de-se agora e em uma hora está aplicado. O ciclo operacional é muito curto. E, quando o ciclo operacional é curto, a evolução é rápida. Então, aquilo que não está bom hoje pode melhorar amanhã, depois de amanhã avança mais um pouco... até a empresa acertar o modelo de risco. Se não acertar, interrompe ou muda. Mas tem de seguir em frente, sempre.

MVP. No fundo, a dosagem do risco vem com a experimentação. Mas existem estratégias que podem ajudar a acertar a mão, a encontrar caminhos mais seguros. Imagine uma situação em que a ideia é promissora, os indicadores comerciais sugerem um bom negócio, mas o seu caixa, naquele momento, não suporta o risco. A tendência é dizer: "Melhor nem começar". Será mesmo que o correto é matar o projeto no nascedouro? E se essa ideia for adaptada ao seu caixa? Falamos rapidamente – e teoricamente – em capítulos anteriores sobre o conceito do Mínimo Produto Viável, MVP na sigla em inglês. É a prática de tornar um produto o mais enxuto possível para que ele seja exequível. Criar, enfim, uma maneira de encaixá-lo em seu orçamento atual.

Vamos a um exemplo prático de MVP, a história clássica de alguém que criou o primeiro *homebroker*. Era mais ou menos assim:

"Sou um corretor de ações independente. As pessoas me ligam falando: 'Quero comprar mil petros'. Beleza. Aí eu pego essa ordem de mil petros, ligo para o camarada no pregão e digo: 'Ô fulaninho, põe mil petros aí, preço tal. Fechou? Fechado'. Anoto aqui na minha planilha e digo ao cliente: 'Fechado mil petros a 14,90'. Meu trabalho é assim. Mas... e se eu criar um procedimento em que não precise mais ligar para o cara no pregão? O cliente se comunica com minha corretora via computador, vê as cotações, manda a ordem de compra e essa ordem vai direto para a Bolsa, fecha lá. O meu percentual na transação é automaticamente calculado. Pô, qual cliente não iria gostar de comprar pelo computador, sossegado, em vez de ficar ligando para mim, o corretor? Do meu lado, também seria um grande negócio. Uma plataforma digital aumentaria a possibilidade de ganhar mais dinheiro. A ideia é boa. Só que o investimento para digitalizar tudo isso seria enorme. Não tenho condições de fazer isso agora. Além disso, pode acontecer de eu criar toda essa engrenagem digital e o cliente não aderir. Humm... Mas posso fazer algo diferente. Monto um site, uma interface que fica piscando as cotações a cada minuto e um sistema mais simples de mensagens. O cliente acompanha, vê aqueles preços, decide comprar e digita lá: 'eu quero cem petros'. Pisca a mensagem: '100 para o cliente tal. Eu ligo para o mesmo cara de antes do pregão e digo a mesma coisa: 'Fulaninho, põe cem petros aí. Fechou? Fechado'. Pronto. Aí, digito para o cliente: 'Ordem executada'. O cliente, do outro lado, acha que é tudo digital. Ainda não é, mas com o tempo vai evoluir para isso."

A premissa do desenvolvimento de uma plataforma digital de autoatendimento foi validada antes que a empresa fosse obrigada a criar todo o sistema integrado. Imagine se ele tivesse construído a estrutura inteira e, ao final, os clientes preferissem o contato com o operador? Assim, ele reduziu o risco do processo. A lição aqui é: enxugue o produto, reduza o tempo de teste, lance-o o mais rápido possível e deixe o mercado dar a resposta sobre aquela decisão. Depois, você vai ajustando até chegar ao modelo ideal.

Muitas vezes os candidatos a empreendedores têm a impressão de que, no mundo de startups, todos gostam de correr riscos. Não, a gente não gosta. O ideal, sempre, é mitigar riscos. Além de cuidar do equilíbrio financeiro e de lançar mão de ferramentas como o MVP, há e haverá sempre a possibilidade de usar o conceito de economia colaborativa. Sim, estou falando de inovação aberta, de parcerias estratégicas. Marcelo já se referiu a bilhões de mentes conectadas, a plataformas que permitem a qualquer empreendedor recorrer à inteligência alheia para desenvolver tecnologias que aceleram produtos ou serviços. Alianças com startups também são muito bem-vindas na hora de montar um negócio, porque o investimento é baixo. E investimento baixo reduz o risco – além, claro, da óbvia constatação de que, em muitos casos, você não terá o conhecimento tecnológico de todo o processo. Para que gastar tempo e dinheiro com soluções que não dominamos se há uma startup parceira que pode entrar em vários projetos? É uma questão de lógica econômica. E bom senso estratégico.

A nova economia é assim: um ambiente em que startups, ao mesmo tempo, concorrem e colaboram. É parte do jogo para quem quer manter estruturas enxutas e velocidade nos movimentos.

Jogador x empreendedor

O que forma um ambiente empreendedor de sucesso é uma composição de três fatores indissociáveis: **conhecimento, capital e rebeldia**. Um não funciona sem o outro em um ambiente inovador. Quando há muito conhecimento e capital, sem rebeldia, a tendência é fazer sempre ganhos incrementais no processo. Quando se tem rebeldia com conhecimento, sem capital, não dá para se movimentar muito. É possível até tirar alguma coisa do papel, mas, se não houver capacidade de distribuição, fôlego para testes, dinheiro para os ajustes, o negócio fica patinando. E se, por fim, houver rebeldia com capital, mas sem conhecimento, desista, porque é grande a chance de fazer besteira.

Mas atenção. Não confunda rebeldia na estratégia com ousadia desmedida no processo de validação. Estamos falando de coisas distintas. A rebeldia é necessária na hipótese, na ideia, na vontade de fazer algo novo. A ousadia extrema é jogo, é loucura, é transformar a rebeldia inicial em um carro desgovernado. É preciso deixar bem claro aqui a diferença entre jogador e empreendedor. O jogador é a pessoa do *all in*, que aposta em tudo, toma riscos desnecessários na crença de que dará o grande salto a qualquer momento. Se der errado, dane-se. É o homem da loteria, da roleta-russa. Não conheço nenhum caso de alguém que tenha prosperado sem o mínimo de paciência, foco e controle sobre suas operações. Não dá para jogar em uma empresa. Nunca. Quanto mais conhecimento você tiver, mais seguros serão seus movimentos. Se eu opero com fintechs ou no ecossistema de empreendedorismo, é porque acredito que tenho um conhecimento razoável para avaliar o que está caro, o que está barato, quem eu devo trazer para trabalhar comigo, onde devo investir primeiro, onde posso arriscar ou quando devo recuar. Dominar o assunto amplia as chances de sucesso.

O foco é a gazela manca. Você deve estar se perguntando qual o sentido dessa frase, e explicarei em breve. O empreendedor de fato tem de ser rebelde na concepção do negócio, no sentido de inovar, quebrar o *statu quo*, mas jamais pode se meter em aventuras. Ele identifica as fortalezas e só então arrisca. Lembra-se de que falamos de desconforto, de inquietude, de sempre mirar o próximo negócio? Isso não significa agir por impulso, colecionar riscos simultâneos. De novo: para sonhar grande é preciso, antes, arrumar a casa – "tomar o café da manhã primeiro", como dizia Alma Reville, esposa de Hitchcock.

O bom empreendedor, na nossa óptica, é aquele que pega a oportunidade mais clara que está na sua frente – não necessariamente a maior de todas. Imagine que você é um leão e está na floresta, paradinho, com fome. Passam 30 gazelas correndo. Qual delas você pega? A manca, porque é a mais fácil. Depois, você parte para a segunda mais fácil, a terceira, a outra... Assim, aumentam as chances de dar certo. Na StartSe, a gente sempre olha, primeiro, a gazela manca do mercado. No fundo, acho que um pouco da visão pragmática que a gente trouxe do mundo financeiro foi de *traders*, a história de sempre balancear o risco-retorno.

O segredo é sempre deixar oportunidades na mesa. Se o empreendedor quiser pegar todas de uma vez, provavelmente perderá o foco – e reduzirá suas probabilidades de sucesso. Não dá para fazer o mais difícil antes de dominar o que é mais fácil. Esse é o recado.

VOCÊ DECIDE (TOTALITARISMO X DEMOCRACIA) 10

EDUARDO GLITZ

Uma empresa que tem um dono cresce mais rápido que uma empresa democrática. Você já deve ter lido ou ouvido essa máxima, das mais variadas formas. Desde a folclórica "é o olho do dono que engorda o porco" até as mais elaboradas, que pregam que a "democracia corporativa só faz sentido nas camadas gerenciais; no funil das decisões, convém ter uma voz única". No fundo, são variações do mesmo tema: tem-se por norma que um regime totalitário nas corporações acelera o crescimento, uma vez que o poder de decisão está centrado em uma figura, não em um grupo. Quando alguém manda, a coisa vai. Tome como exemplo a Apple, de Steve Jobs. Ou a Amazon, de Jeff Bezos. Ou a Oracle, de Larry Ellison. São empresas que cresceram muito e velozmente, sem dúvida.

Mas será mesmo que esse é o melhor sistema de decisão?

Uma primeira análise. O sistema colegiado ou democrático faz com que a discussão fique mais consistente. Claro. Se tem mais discussão, tem mais análise, mais ponderações, menos vaidade em jogo. Só que esse processo traz mais lentidão. O totalitário é mais ágil, sem dúvida. O problema é se o cara estiver errado. Ele vai para o buraco.

A grande maioria das empresas com ditadores morre no meio do caminho. As poucas que avançam com esse modelo, nos dias de hoje, têm em seu comando um cara com capacidade muito rápida de enxergar oportunidades e fazer correções no percurso.

Quanto mais alto o sujeito sobe, mais confiante ele fica. E mais isolado também. O líder totalitário é rodeado de puxa-sacos – mas vive mesmo em uma ilha do ponto de vista estratégico. Ninguém mais lhe dá a informação correta, todo mundo diz apenas o que o chefe quer ouvir. Então, ou o líder é realmente genial, com um *feeling* privilegiado para fazer sempre os movimentos certeiros, ou vai se estatelar no chão fortemente.

Jobs era genial. Bezos é considerado fora da curva, como gostam de dizer os executivos. Ellison também está nesse time. E os três são ou eram difíceis de lidar. O totalitarismo corporativo que funciona é feito, obviamente, por sujeitos geniais e geniosos. Difícil dissociar as duas características.

A StartSe quer manter a velocidade do totalitarismo com a força do coletivo. O que significa dizer que a discussão atual tem menos a ver com o regime adotado e mais com a assertividade na tomada de decisão. Nosso sistema privilegia a liberdade de atuação para o alcance do bem comum, sem descuidar da celeridade. Obviamente, em algum ponto desse trajeto, alguém tem que tomar a decisão definitiva – e geralmente essa decisão, como ocorre em qualquer empresa, vai recair primeiro sobre o líder de cada área e, em última instância, sobre o executivo-chefe, o CEO. É para isso que ele está lá. Mas note que essa dinâmica de decisões já vem sendo forjada pela prática de testes e experimentações ao longo do percurso. Quanto mais negócios nós fazemos, mais autonomia e confiança a equipe adquire para tomar decisões – o que facilita a vida do CEO (em geral, iniciativas que geram retorno de até dois anos podem ser delegadas a executivos. Mais do que isso, é atribuição do sócio. Ou seja, a decisão de perpetuação da empresa, de preservar o negócio no longo prazo, recairá sempre sobre os principais acionistas).

Em nossas empresas, a ausência de um processo operacional padronizado estanque pressupõe quatro características básicas e irreversíveis:

1. **Liberdade** (com responsabilidade) – cada funcionário decide o meio para se chegar ao fim.

2. **Confiança** – se determinado projeto foi entregue a um profissional é porque há a convicção de que ele é capaz de tomar as melhores decisões. Não é preciso ter ninguém acima dele para controlar a todo momento a sua atuação. É isso o que se convencionou chamar de empoderamento.
3. **Transparência** – todos na empresa estão cientes dos números, dos sonhos, dos objetivos globais. Não se esconde nada. Espera-se, portanto, que as decisões estejam em conformidade com esses interesses, sem desvio de foco. A transparência fortalece o propósito e facilita as escolhas.
4. **Diversidade de ideias** – alinhamento significa ter objetivos comuns, sonhos comuns. E não pessoas com o mesmo pensamento. As ideias diferentes fazem a base ficar mais consistente.

Some-se a isso uma estrutura mais enxuta e a ausência de uma hierarquia rígida e se tem um modelo propício para a tomada rápida de decisões. Na grande maioria das empresas tradicionais, o organograma complexo e os processos estanques (sem falar na guerra de egos) costumam frear a velocidade dos projetos, justamente porque cada passo tem de ser avaliado por um bocado de gente em uma dezena de departamentos. É a velha ladainha do "para e discute, discute e para". E a coisa não anda como deveria. Marcelo Maisonnave chama isso de futebol de criança. "Todo mundo tem que chutar a bola, aí a bola vai para o outro lado. Todo mundo corre atrás de bola de novo. E o jogo segue assim, parado, sem evoluir para objetivo algum."

Para que o jogo flua, é preciso que os jogadores assumam sua posição. As decisões individuais em cada etapa do trabalho, portanto, formam um amálgama que facilita a decisão final. Quando Pedro precisar bater o martelo sobre algo na StartSe, por exemplo, ele terá, em 99% dos casos, respostas a todas as suas perguntas. A palavra final passa a ser mais rápida.

Além disso, há uma confiança muito grande nas pessoas. Eu falo pelo Pedro e pelo Marcelo e eles falam por mim. Não é preciso reunir todo mundo para dar um ok a um projeto ou sinal vermelho para outro. Isso mantém a velocidade de ação. Claro que nas grandes questões estratégicas há a consulta aos demais sócios da empresa, o colegiado. Mas, ainda assim, o processo de tomada de decisões é bem rápido. Dificilmente se verá na StartSe longas reuniões ou procrastinação de projetos. É o nosso jeito de operar – e ainda temos a vantagem de ser um grupo de sócios que se conhece de longa data, o que facilita o consenso.

Visão do cliente

A gestão moderna diz o seguinte: eu tenho que olhar para o cliente de uma forma verdadeira, legítima. De novo, cuidado com os propósitos de perfumaria. Estamos falando de uma estratégia séria e de um sentimento genuíno, embasado em conceitos práticos e fórmulas capazes de detectar com precisão os anseios de quem está na ponta compradora. Acabou o tempo em que a empresa decide o que o cliente vai comprar. Quem mantiver esse pensamento será a presa mais fácil do mercado – as startups adoram se imiscuir no terreno das organizações arrogantes. Pratique a engenharia reversa: entenda o que o cliente quer e então trabalhe cada etapa de seu projeto de olho nesse objetivo.

Vivemos uma situação na XP, em 2013, que ilustra bem esse propósito. A gente achava que todos os clientes eram feitos à nossa imagem e semelhança, que gostavam de conversar com a nossa turma sobre os detalhes do mercado financeiro, da Bolsa, de sequência de Fibonacci... Lembro-me de que falávamos disso com grande satisfação nos corredores da XP. Até o dia em que resolvemos encomendar uma pesquisa para ouvir de fato os clientes. Eis a resposta: 20% das pessoas com conta na XP eram realmente *money makers*, admiravam e entendiam o mercado financeiro. Mas a imensa maioria, 80%, não estava nem aí para o assunto. O que eles queriam saber era se o dinheiro estava rendendo, se era bem investido e só. Portanto, ao despejar

A grande maioria das empresas com ditadores morre no meio do caminho. Quanto mais alto o sujeito sobe, mais confiante ele fica. E mais isolado também.

nosso conhecimento de finanças em cima da grande massa de clientes, estávamos correndo o sério risco de perder um monte deles. Um grande erro, corrigido a tempo, graças ao saudável hábito de ouvir, de fato, o público.

A Warren, da qual somos sócios, também ouviu. Uma pesquisa com investidores e potenciais investidores mostrou à empresa que eles querem, basicamente, três coisas:

a. Que alguém entenda, de fato, seus medos e necessidades, ajudando-o a definir a estratégia de investimentos.
b. Que, a partir da identificação de seu perfil (conservador, moderado ou agressivo) e dos seus objetivos com aquele dinheiro, a corretora procure os melhores produtos do mercado.
c. Que ele possa acompanhar de forma simples e fácil a performance de seus investimentos.

A Warren, então, desenvolveu um sistema completamente digital, testou, validou e disse ao cliente:

a. Seu perfil será avaliado por um algoritmo de forma muito mais rápida e acurada do que com a análise humana, usando cruzamento de dados e inteligência artificial.
b. Essa máquina fará o *screening*, ou seja, a triagem de produtos do mercado adequados ao seu perfil, com muito mais agilidade e precisão. (Aliás, a Warren mudou a dinâmica de classificação de perfis, pois entendeu que as pessoas investem por objetivos e não somente por investir. Para um objetivo de curto prazo como uma viagem em família, por exemplo, a pessoa pode ser conservadora. No longo prazo, de olho na aposentadoria, tende a ser mais agressiva. Rotular o investidor, sem conhecer seus anseios, parece uma estratégia equivocada.)
c. O sistema, extremamente fácil de usar, permitirá que você acompanhe, quando quiser, a performance de seus investimentos.

Ou seja, a tecnologia, nesse caso, fez um serviço melhor e mais barato. Encarregou-se de atender a todos os anseios dos clientes. Pedro costuma dizer o seguinte sobre a Warren: "Se a XP foi a evolução do banco, por ter aumentado a oferta de produtos, a Warren foi a evolução da XP, uma vez que colocou assessor e cliente do mesmo lado da mesa, sem conflito de interesses". E como se dá essa parceria entre cliente e assessor? Simples: ao contrário das demais corretoras, que ganham de acordo com o produto que vendem ao cliente, a Warren ganha uma taxa fixa pelo valor total investido. Ou seja, ela busca a solução mais adequada para o investidor – e não o jogo de empurra-produto. É assim que funciona nos países desenvolvidos, onde as pessoas já entenderam que nesse jogo de empurrar produto quem mais ganha é... quem empurra. É assim que funciona também na gestão de fortunas, um mercado conhecido como *wealth management*. No fundo, o que a Warren fez foi dar às pessoas comuns as mesmas condições dos grandes investidores.

Na StartSe, utilizamos várias metodologias para escutar e falar com o consumidor. Desde as pesquisas tradicionais, encomendadas a institutos e empresas especializados em tendências no mundo digital, caso da Box 1824, até as abordagens por meio de nossas plataformas – portal, redes sociais, mensagens customizadas enviadas à nossa rede, além, é claro, do contato pessoal em nossos eventos. Ferramentas como o NPS (que se tornou o mais importante indicador de nossa empresa) e outros critérios de recorrência se encarregam, então, de fazer a manutenção dessa sintonia com os clientes (é preciso um olhar cuidadoso também para o Churn, métrica que monitora a perda de clientes e receitas). Qualquer produto ou projeto da StartSe passa por esses filtros. Criamos, ouvimos, testamos, ajustamos, testamos de novo e os ouvimos mais uma vez, em um ciclo ininterrupto de *inputs* e métricas de qualidade. Recentemente, implementamos inteligência artificial para ajudar a "criar recorrência" de clientes da StartSe. Entender seus hábitos e desejos nos ajuda a estimular o engajamento com os produtos e com a marca. O objetivo é aumentar o LTV, dando maior previsibilidade de receita.

Mais importante do que frequência dos contatos é a mensagem que sua empresa passa para quem está na ponta compradora. Um dado importante da organização CIM (Chartered Institute of Marketing), uma comunidade composta de profissionais de marketing, mostra que 62% dos consumidores leem/ouvem o que as marcas "dizem" – hoje, sobretudo, nas redes sociais. E o que elas dizem reflete diretamente na decisão de compra[33]. Trata-se de uma constatação importante, que revela um conceito fundamental na comunicação de uma marca: a combinação de transparência com a capacidade de transmitir confiança. Estamos falando, no fundo, de reputação social, um instrumento poderosíssimo de aquisição digital.

---

33 DALY, Chris. "Keep Social Honest research". *Chartered Institute of Marketing - Exchange*. Disponível em: <https://exchange.cim.co.uk/editorial/keep-social-honest-research/>. Acesso em: 29 jul. 2019.
CHARTERED Institute of Marketing - Exchange. "Brand transparency on social media". Disponível em: <https://exchange.cim.co.uk/infographic/brand-transparency-on-social-media/> Acesso em: 29 jul. 2019.

E isso nos leva a crer que as pessoas, cada vez mais, compram valores e princípios. Isso exige autenticidade. Se você tratar essa relação como mera publicidade, terá grandes problemas em reter clientes. E, uma vez que ele sai de seu radar, esqueça; dificilmente você vai recuperá-lo.

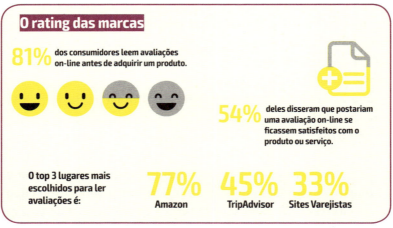

Dados a partir da pesquisa "Keep Social Honest" Disponível em: <https://exchange.cim.co.uk/editorial/keep-social-honest-research/>.

As ferramentas

Lembra-se dos 4 Ps de marketing (Produto, Preço, Praça e Promoção)? Esqueça. A coisa evoluiu. O cliente quer ser encantado não apenas pelos atributos do produto ou pela facilidade de encontrá-lo, a um custo razoável. Bom produto e bom serviço são prerrogativas, assim como o preço justo. Quanto à distribuição, estamos na era digital. Um clique e a compra está finalizada. Portanto, será preciso fazer bem mais para conectar o consumidor à sua marca. Esteja visível e atuante nos meios digitais, convença-o a experimentar o seu serviço, prefira o marketing de atração à prospecção ativa e agressiva, procure solucionar um problema dele e faça com que ele o ajude a resolver eventuais falhas em seu produto. Troque informações, peça sugestões, trate-o com a inteligência e com o respeito que ele merece. A recíproca será verdadeira. Resumindo: engaje-o e encante-o.

Dados a partir da pesquisa "Brand Transparency on Social Media". Disponível em:
<https://exchange.cim.co.uk/infographic/brand-transparency-on-social-media/>

Às vezes, isso ocorre com medidas simples. Um exemplo prosaico e altamente eficiente ocorre em nossas missões no Vale. Todas as noites, após a agenda de visitas e apresentações, nós celebramos com os clientes. Eu, Pedro, Maurício e os demais sócios vamos ao supermercado comprar comida e bebida, carregamos caixas de cerveja para o carro, ajeitamos as salas para a festa, servimos as pessoas. É um jeito de mostrar aos clientes que estamos juntos em tudo o que envolve aquela missão – e de passar, na prática, o conceito de colaboração, tão importante para a sobrevivência de qualquer startup. A interação nesses encontros é fantástica. Aquilo vira um bate-papo mais solto sobre o empreendedorismo, uma oportunidade de saber, ao vivo e em cores, o que eles pensam sobre nossa empresa e nossos produtos. É uma chance também de falar com cada um deles sobre nossos valores e nossos sonhos.

Uma equação simples para ficar na memória:

Letra miúda + Taxa escondida + Pegadinha no preço + Crença na ignorância + Abordagem agressiva = Abalo na relação e fuga de clientes.

O escritor e consultor britânico Simon Sinek costuma dizer, em suas concorridas palestras, que conseguiu "decodificar" a **arte de encantar pessoas**, aquilo que todos buscam, mas que só os líderes e as organizações líderes sabem fazer. Sinek frequentemente cita como exemplos de possuidores desse dom – se é que se pode chamar de dom – Martin Luther King e a Apple. Talvez seja pura técnica, talvez seja intrínseco. Sinek pergunta: "Por que King liderou os movimentos de direitos civis nos Estados Unidos? Ele não foi o único homem que sofreu com os Estados Unidos pré-direitos civis. E, como ele, havia muitos outros bons oradores na época". Uma boa questão. Outra: "E a Apple? Ela faz o que muitas outras empresas fazem: bons computadores. Ponto. E por que tem tanta magia?". O britânico diz, então, que, após três anos e meio de estudo, conseguiu desvendar o segredo dos líderes inspiradores, que reside na maneira diferente e altamente cativante com que pensam, agem e se comunicam com o público. Para explicar a fórmula do encantamento, ele bolou um método bem simples de apresentação. Acompanhe:[34]

"As concorrentes da Apple vendem seus produtos da seguinte forma: 'Temos excelentes computadores, com um lindo design, simples de usar. Quer comprar um?'. É a abordagem normal, usada pela maioria das empresas, com chance ou não de estimular o cliente a adquirir o produto, seja ele um computador, um carro, uma geladeira. A Apple utiliza outra estratégia, que batizei de Golden Circle (círculo de ouro). Imagine três círculos, um dentro de outro. Temos, então, um círculo maior, um médio e outro menor. No maior, escreva 'O quê'. No do meio,

---

[34] Adaptação da fala de Simon Sinek em seu TED "Como grandes líderes inspiram ação". Disponível em: <https://www.ted.com/talks/simon_sinek_how_great_leaders_inspire_action/transcript?language=pt-br>. Acesso em: 4 jun. 2019.

escreva 'Como'. No pequeno, rabisque 'Por quê?'. Pois bem. A Apple começa sua abordagem com o círculo menor, o do 'Por quê?'. Diz o seguinte ao consumidor: 'Em tudo o que fazemos nós acreditamos que estamos desafiando o *status quo*, acreditamos que pensamos diferente dos demais'. Então, parte para o círculo do meio, o do 'Como'. E segue o discurso: 'A maneira como desafiamos o *status quo* é fazendo um produto muito bem projetado e desenhado, simples de usar e com uma interface amigável'. Por fim, atinge o círculo maior, 'O quê', respaldado por duas frases simples e certeiras: 'Por isso, fazemos excelentes computadores. Quer comprar um?'. Perceba que ela inverte a ordem das informações, que vêm de dentro para fora do círculo. A maioria das empresas faz exatamente o oposto e para no círculo do meio. Simplesmente porque não sabe responder a pergunta crucial, que é: 'Por que eu existo?'. A Apple sabe o motivo de sua existência. E, assim, encanta o cliente e ganha a sua confiança. As pessoas não compram **o que você faz**. Compram **porque você faz**. O segredo não é vender para pessoas que precisam do que você tem, mas para pessoas que acreditam no que você acredita."

No fundo, Sinek está falando de propósito. O princípio de tudo. Para sua empresa e para o cliente.

11 START-SE

PEDRO ENGLERT

À s vezes, eu me espanto com a quantidade de coisas que a gente consegue fazer na StartSe. De verdade. É uma velocidade de execução impressionante, sempre com o impulso de querer dar o próximo passo. Eu não imaginei que a StartSe iria atingir R$ 4 milhões de faturamento em um mês, com pouco mais de um ano de atividade. Quando chegamos a esse número, já pensamos em fechar o exercício de 2017 com 15 milhões. Terminamos com 17 milhões, passamos para 20 milhões nos seis meses seguintes e, enquanto escrevo este livro, a empresa já projeta superar os R$ 80 milhões em receita e 25% de margem líquida. O dinheiro é importante, claro, mas estou falando aqui do desafio da trajetória, da construção, de fazer aquela parada acontecer.

Para que a "parada" aconteça, é preciso juntar corações e mentes. Sempre vou enfatizar esse ponto, porque acredito realmente que seja o diferencial das empresas campeãs. Parece papo de guru de autoajuda, mas não é. Um estudo do Instituto Endeavor[35] mostrou que 74% dos empreendedores de sucesso registraram, lá no início de suas atividades, planos ambiciosos como "operar em escala global" ou "liderar o mercado". Na XP,

---

35 ENDEAVOR BRASIL. "Comece pequeno, mas sonhe grande". Disponível em: <https://endeavor.org.br/sobre-a-endeavor/comece-pequeno-mas-sonhegrande/>. Acesso em: 19 jun. 2019.

a gente queria ser maior que o Itaú. Na época em que adotamos esse discurso, a empresa tinha R$ 4 bilhões sob custódia. O banco, R$ 300 bilhões. Mesmo assim, a gente falava para todo mundo: seremos maiores que eles. E havia a crença de que isso era possível mesmo, não se tratava de um discurso vazio – se ia acontecer ou não era outra história. De qualquer forma, o banco não pagou para ver. Ou melhor, pagou para não ver. Glitz me contou dia desses um caso particular que simboliza bem ambição necessária para empresas e empreendedores: "Quando eu comprei a minha primeira ação da XP, de 0,1%, eu fiz a conta na hora: se a empresa valer 1 bilhão, eu vou ter 1 milhão no bolso. E eu tinha certeza de que ela chegaria ao bilhão, porque aquilo estava sendo construído dia a dia, com método e determinação. Eu sabia que havia algo de grandioso no futuro". A XP vale muito mais do que isso, diga-se. Estamos falando, no fundo, de propósito e do compartilhamento de crenças a serviço do resultado. Não duvide da combinação dos dois componentes.

Na StartSe, nós sonhamos. Sempre. Começamos na educação, colocando um tijolo em cima do outro até criar a trilha de produtos que consideramos ideal para alimentar o ecossistema de empreendedorismo. Vieram os cursos on-line, os cursos presenciais, as conferências setoriais no Brasil todo, sempre com temas ligados à economia digital (Fintech Conference, Mobility Conference, Agrotech). Testamos as missões nos Estados Unidos. E quando elas já estavam maduras levamos o modelo para a China, abrindo nossa filial asiática, além de oferecer cursos em Portugal, Israel e Índia. Criamos o mercado. Semeamos. Mapeamos os riscos, calculamos os retornos, interrompemos rapidamente os erros durante o percurso. Então, colhemos. Entre idas e vindas dominamos, enfim, esse conceito de lifelong learning. Hoje, estamos muito mais seguros para saber onde, quando e como escalar os cursos, conferências e missões. Estamos no caminho para conquistar aquilo que é o sonho de qualquer empreendedor: ser o pioneiro, chegar à frente e virar a referência. E isso nos dá uma vantagem para preparar os próximos passos.

O dinheiro é importante, claro, mas estou falando aqui do desafio da trajetória, da construção, de fazer aquela parada acontecer.

Um deles: transformar a StartSe em uma universidade do futuro, voltada ao acesso à educação continuada (conceito de lifelong learning). Aliás, enquanto escrevo este parágrafo, a companhia está mudando sua sede para o Vale do Silício. Uma casa em Palo Alto, simples, sem frescuras, com a estrutura e as pessoas necessárias para iniciar os trabalhos, atuando em conjunto com as filiais da China e (agora) do Brasil. Adotamos como ponto de partida o infalível trinômio Maisonnave: pizza size, garagem e propósito (tenho a impressão, aliás, de que essa fórmula nunca vai sair da minha cabeça. É a síntese perfeita do que deve ser uma empresa moderna, do que pensamos para a StartSe). Ao transformarmos Palo Alto no coração da empresa, nós mudamos o mindset da companhia. Todos passam a pensar globalmente, no firme propósito de reproduzir o nosso modelo em outros mercados. Já colocamos os nossos pés em vários países, sim, mas sempre exportando e adaptando o modus operandi daqui. Temos condições, agora, de captar a matéria-prima no berço da inovação mundial. Percebe a diferença? Estamos bebendo direto da fonte, aquilo que eu, Glitz e Marcelo fizemos como pessoas físicas logo que deixamos a XP. A partir de Palo Alto, será possível produzir um conteúdo mais completo, preciso e inédito das evoluções que ocorrem na economia digital. Poderemos também entender melhor a dinâmica de eventos, cursos, conferências. Estou falando em aumentar a relevância, dar visibilidade à empresa, se apresentar ao mundo como a startup que dissemina conhecimento e fomenta o empreendedorismo. Assim, eu mudo a mentalidade interna e a audiência externa. O maior benefício de estar no Vale é aumentar a nossa capacidade de distribuição. As "dores" do empreendedor em qualquer canto do mundo são as mesmas – e nossos produtos, tenho certeza, funcionarão muito bem em outras regiões. Não tenho dúvidas de que a StartSe está preparada para a nova fase. Temos as ferramentas, os meios e as condições necessárias para ser, de fato, uma empresa global.

Celebre, mas só um pouquinho. Jack Welch, em seus tempos de General Electric, dizia que era preciso, sempre, celebrar as conquistas. Acho importante. É bacana lembrar que saímos de uma mesa de um coworking em São Paulo para uma sede em Palo Alto em pouco mais de dois anos. Que transformamos um curso on-line para empreendedores em uma plataforma global de educação continuada. Que atendemos quase todas as grandes e médias empresas do Brasil dispostas a inovar, em alguns casos sendo os "olhos" dessas empresas no Vale do Silício (uma espécie de observatório das grandes companhias para as novas tecnologias e tendências da região). Muito bom mesmo, fantástico, impressionante. Mas... e aí, qual é o novo desafio? Para onde vamos agora? Glitz diz que eu sou acelerado demais às vezes e que não gosto muito de celebrar. Não é verdade. Ou melhor, é uma meia verdade. Sou acelerado sempre e, como disse, acho importante a celebração. Mas de um jeito diferente. Prefiro reunir o time para brindar o futuro. Acho que uma boa frase a ser dita, enquanto tocamos taças, seria: "Viva o próximo passo".

Pois bem. O movimento seguinte da StartSe é realmente ser a maior empresa de educação continuada do mundo, as pessoas no futuro não serão mais questionadas a respeito de qual universidade frequentaram e qual curso fizeram, isto será passado, o conhecimento será cada vez mais perecível, e o valor estará na forma com a qual você se mantem constantemente atualizado. Conhecendo as novas tecnologias, ferramentas e gestão para lhe manter competitivo como pessoa, profissional e para sua empresa.

Gosto da definição de Cristiano Kruel, líder de inovação na StartSe, um dos maiores especialistas que eu conheço nessa dinâmica da economia digital. Ele diz que uma nova prática de gestão e governança que o Vale do Silício está forçando todas as empresas do mundo a fazer é: "Aprenda a se 'disruptar' antes que alguém o faça. Portanto, trate de refundar a sua empresa a cada dois anos". A StartSe começou com um ecossistema de startups e se tornou hoje uma empresa global de educação.

Segundo Kruel, "assim como praticamos o OBZ [Orçamento Base Zero], que busca otimizar orçamentos por meio da base zerada, precisamos também aprender a fazer a EBZ, a Estratégia Base Zero, ou seja, refundar a empresa do zero". É inovação na veia – e dinheiro em caixa. No final de 2018, fundos europeus avaliaram a StartSe em R$ 300 milhões (30 vezes o lucro dos 12 meses). Celebramos, mas rapidinho, sabemos que podemos muito mais. Havia muita coisa para fazer.

Eis o que diz Jeff Bezos sobre a transformação de negócios: "A gente não tem que olhar para o que vai mudar. A gente tem que olhar para o que não vai mudar. No meu negócio, eu sei o que não vai mudar: clientes querendo preços baixos, ampla distribuição e entrega rápida". É a pura verdade. Variedade, preço, produto e entrega rápida, isso não muda nunca. Se olharmos para o mercado educacional o que não muda? As pessoas vão continuar precisando aprender para se manterem competitivas, e nós estremos lá, fazendo parte da vida de todos.

Cidadãos querendo mudar de vida, executivos dispostos a usar o seu conhecimento no próprio negócio, profissionais que buscam se preparar para as mudanças em seus mercados, empresários que querem se reinventar, investidores atrás de um novo unicórnio ou apenas de uma diversificação de receitas e

> **O conhecimento será cada vez mais perecível, e o valor estará na forma com a qual você se mantem constantemente atualizado. Conhecendo as novas tecnologias, ferramentas e gestão para lhe manter competitivo como pessoa, profissional e para sua empresa.**

jovens ansiosos por um espaço em uma empresa legal ou loucos para construir a sua independência financeira com uma atividade que lhes dê prazer. São conceitos inabaláveis. O que muda é a forma, a tecnologia, a capacidade de entender o que eles querem e de oferecer o melhor produto e serviço. É a visão de cliente, como detalhou o Glitz algumas páginas atrás. Às empresas da nova economia, cabe entender esse código e não perder, jamais, a sua essência, que é criar um ambiente livre para construir o futuro. O empreendedorismo, no fim, é isso.

E aqui se revela outro ponto importante da trajetória das empresas; na verdade, um grande dilema. Trabalha-se para transformar a startup em uma empresa grande e saudável, mas, quando ela se transforma nesse gigante, corre um sério risco de virar uma organização letárgica com todos os vícios e problemas da maioridade corporativa. A questão é: como multiplicar os lucros e chegar aos bilhões sem perder o espírito de startup? Empresas como Amazon e Netflix, só para ficar em dois exemplos, provaram que esse espírito nada tem a ver com cifras. Talvez porque estejam sempre se reinventando, tratando suas novas divisões como células independentes, como se pulassem do ninho sem olhar a estrutura e o caixa da empresa-mãe. Estratégia base zero, diria o Kruel.

A questão é: como multiplicar os lucros e chegar aos bilhões sem perder o espírito de startup?

REVENDO AS FRONTEIRAS ENTRE MERCADOS

12

MARCELO MAISONNAVE

O modelo digital na economia real

Falamos muito sobre fintechs e o modelo de gestão que acreditamos para essa nova economia; no entanto, muitas vezes parece que essa visão só é possível quando pensamos em negócios majoritariamente digitais ou que não envolvem o desenvolvimento de uma linha de produção. Para mostrar que esse modelo pode se aplicar aos mais variados mercados, neste capítulo quero apresentá-lo a um dos negócios que nos fez colocar em prática a ideia de modelo digital para a economia real. Além de um portfólio recheado de fintechs, estamos agora impulsionando a Yuool, empresa que produz calçados feitos da lã de merino, um carneiro originário do Sul de Portugal, que possui uma lã fina e macia, com propriedades impressionantes – roupas e calçados feitos dessa lã são capazes de manter a temperatura corporal de maneira constante, no frio ou no calor. Por esse motivo ficou conhecida também como a "lã do deserto", ideal para enfrentar amplitudes térmicas radicais.

A Yuool nasceu por acaso. No início de 2017, André Picolli, um amigo do Pedro, ligou dos Estados Unidos dizendo que havia por lá um tênis da marca All Birds, feito com a tal lã, bombando no mercado local. E que essa mesma lã estava sendo usada por outras marcas de tênis e de roupas. Pedro se interessou pelo assunto e incluiu na conversa o Eduardo Dutra, experiente calçadista de Porto Alegre, para atestar a qualidade do produto. A vontade de entrar nesse negócio era cada vez mais forte, parecia haver um bom caminho a explorar. Mas nunca é fácil desenvolver um novo mercado. Há sempre mais dúvidas do que certezas. Seria possível conseguir um bom fornecedor de um tecido pouco convencional? Seria possível montar um tênis realmente bacana, durável, resistente? E o custo... A empresa teria condições de manter uma margem boa e ao mesmo tempo colocar um preço razoável na etiqueta do produto? Quanto as pessoas pagariam por ele? Quem seriam essas pessoas, o público-alvo? E a marca? Qual a melhor estratégia de marketing? E os canais de venda? Como distribuir o calçado? Enfim... as clássicas e inevitáveis dúvidas que separam as ideias dos projetos vencedores e que, muitas vezes, se malconduzidas, interrompem a trajetória de um número enorme de empresas. Quanto às certezas... bem, podemos dizer que era uma só: a de que precisaríamos de tempo e dinheiro para colocar o projeto na rua. Essa relação de risco alto para um retorno incerto sempre desestimula a aposta – e costuma retardar o início da operação. Toda vez que eu penso nessa relação de risco-retorno me vem à mente uma frase do Kruel sobre o ato de empreender. Diz ele: "Empreender, em um passado recente, era missão para pessoas muito ricas ou muito doidas. O camarada se atirava num mar de incertezas apostando na remota possibilidade de que o plano inicial iria funcionar ao longo da jornada". Hoje, com método e tecnologia, é possível minimizar os riscos e os custos. Ainda assim, não é uma equação simples de resolver.

    Pedro veio com o insight: aplicar o modelo que as empresas da nova economia utilizam para lançar seus produtos e serviços nesse mercado de varejo ultratradicional. A ideia de reproduzir a receita do mundo digital, combinando tecnologia com o conceito de MVP, o mínimo produto viável (que você já viu em capítulos anteriores), parecia extremamente promissora. Foi quando o Glitz e eu decidimos nos juntar ao time – não podíamos ficar de fora dessa experiência. A proposta era fatiar todo o projeto em camadas, gastando energia somente na próxima hipótese a ser

Essa relação de risco alto para um retorno incerto sempre desestimula a aposta – e costuma retardar o início da operação. Hoje, com método e tecnologia, é possível minimizar os riscos e os custos.

validada, assim manteríamos o foco no que realmente importava a cada momento. Um passo de cada vez. Combinamos ainda que poderíamos investir até R$ 1 milhão no projeto, aportando o capital à medida que as hipóteses fossem sendo validadas. Traçamos a estratégia e seguimos para a fase 1: encontrar um fornecedor do tecido, a matéria-prima e coração do produto.

Dutra pesquisou o assunto e apontou a Itália como ponto de partida. Visitamos, primeiro, o parceiro da All Birds, que nos descartou de forma educada e definitiva com um argumento decisivo: havia um compromisso de exclusividade com os norte-americanos. Procuramos, então, Stefano Aglietta, dono de uma tecelagem. Ele gostou tanto da ideia que não só aceitou a parceria como também quis se juntar ao time de sócios da Yuool. Um parceiro alinhado com o resultado. Melhor impossível. A empresa nem havia nascido e já contava com cinco sócios com conhecimentos diversos e complementares: eu, Pedro, Glitz, André, Stefano. E mais o Dutra como um conselheiro e consultor. Tínhamos, então, especialistas em calçados, tecido, distribuição e tecnologia, gestão e produto.

Resolvido o fornecedor nos concentramos no produto. Nessa fase o Stefano enviava as amostras com composições de fios e cores diversas e com elas o Dutra desenvolvia exemplares com variações de solas, design e cadarços. Esses exemplares eram encaminhados a amigos e parceiros, que nos davam um precioso feedback e ajudavam a aprimorar o calçado. Em 30 dias testamos mais de 20 modelos diferentes. Até chegarmos ao produto considerado ideal para apresentar ao mercado. No entanto, havia um ponto fundamental a ser resolvido: como convencer os consumidores de um país tropical a comprar um tênis de lã de uma marca que eles nunca viram na vida? Um belo desafio, do qual falarei daqui a pouco.

Etapa dois vencida, partimos para duas validações simultâneas: desenvolver a marca e precificar o produto.

Na validação da marca aconteceu um fenômeno que nos deixou confiantes: as pessoas escaladas para avaliar nome, logo e design estavam curtindo tanto o tênis que toparam participar do projeto por custos simbólicos ou mesmo sem cobrar nada. Contamos com pessoas fantásticas, que ajudaram a desenvolver o design da marca e do produto. Conversas com a turma da agência Box 1824 também contribuíram para definirmos o nosso posicionamento.

Na validação do preço tivemos um revés importante. Várias pesquisas com potenciais consumidores apontaram para um valor de R$ 349. Isso, inicialmente, era um problema para nós, pois o custo de fabricação do tênis é alto. A lã merino é duas vezes mais cara do que o couro mais nobre do mercado. Pelas nossas contas, o tênis chegaria às lojas a um custo aproximado de R$ 200. Como o varejo trabalha com mark-ups de pelo menos 3 vezes, o preço de venda deveria ser, então, próximo dos R$ 600. Inviável para uma marca desconhecida. Essa constatação foi, naquele momento, um banho de água fria no projeto.

Estávamos diante de um momento decisivo. Desistir de tudo o que havíamos aprendido? Como parar quando o processo de criação do produto tinha sido tão bom? Discutindo alternativas conhecemos os conceitos DIRECT to CONSUMER (direto para o consumidor) e o Digital Native Vertical Brands (DNVB), das empresas que nascem digitais e totalmente verticalizadas. Surgiu então uma alternativa interessante. O caminho teria que ser este mesmo: verticalizar toda a jornada, vender apenas pela internet (eliminando o intermediário físico e reduzindo o custo) e entregar o produto na casa das pessoas. Em resumo, teríamos de montar uma empresa ágil o bastante e suficientemente enxuta para oferecer um produto com boa margem e preço competitivo. Olhamos primeiro para os gastos. O maior deles (cerca de 66% do orçamento total) era mesmo com a importação da lã, somados o preço do produto mais as taxas para trazê-lo da Itália. É uma despesa fixa, sem margem para manobras. Portanto, era preciso atuar nas outras variáveis. Eis o que fizemos inicialmente:

1. Produção – É feita em Estância Velha (RS), onde também fica o escritório da Yuool. Poucas pessoas para o ofício. Uma delas corta o tecido, outra faz o solado, de EVA, e uma terceira monta a estrutura do calçado. O volume de produção oscila de acordo com a demanda, não há um lote predefinido.
2. Padronização – Para evitar os custos de obsolescência dos produtos, a Yuool baseou-se em uma única linha de sapatos, um só formato (o que agiliza também a fabricação). Mudam apenas as cores. Homens e mulheres usam o mesmo produto. Isso, além de ser tendência, é economicamente eficiente. Faz com que o estoque não fique velho, já que não há troca de coleções.
3. Reposição – Uma vez por semana. Entende-se o comportamento do consumidor e se produz sob demanda. Isso é possível graças a um sistema simples de criar uma grade padrão e controlar o fluxo de vendas por meio de um gabarito. Os calçados são repostos conforme esse gabarito

vai zerando. O custo do ativo imobilizado fica ridiculamente baixo.
4. Estrutura – Apenas dois funcionários: um diretor de produção e um diretor digital, sob a supervisão de Pedro e Dutra.
5. Distribuição – Utilizamos os galpões dos Correios para armazenar as caixas de sapatos. De lá, elas seguem para o mercado.
6. Vendas – Não há e não haverá lojas físicas, as ações de venda são todas on-line, um e-commerce tradicional. A loja on-line manda a nota fiscal para o responsável pelo pequeno estoque no galpão dos Correios e a mercadoria segue para o consumidor.

Criamos, portanto, uma estrutura austera, eliminamos a necessidade de logística própria, evitamos os gastos com lojas físicas e reduzimos os riscos de perecibilidade de estoque. O estoque, aliás, é um ponto importantíssimo nessa estratégia. Muitas empresas que trabalham com moda têm resultados operacionais positivos, porém com frequência esse resultado se resume ao que elas têm em estoque. Ou seja, não pode ser considerado um ganho financeiro no balanço. Como o estoque é perecível, essa aparente "gordura" vira uma perda, deixando as empresas em situação complicada. A nossa forma de mitigar esse risco foi agilizar os processos produtivos, manter um estoque de apenas um modelo, unissex, com poucas variedades de cores: são 4 no total, numa grade de 11 números.

Acredito que a grande lição que a Yuool nos trouxe foi a validação da estratégia de MVP. Enxugamos ao máximo, no início, para lançar logo o produto e fazê-lo evoluir rapidamente. Nos dias de hoje, a questão primordial é a velocidade de execução e aperfeiçoamento. Fosse no modelo tradicional de uma marca de calçados, gastaríamos um bom tempo – além de um dinheiro absurdo – na montagem de fábrica própria, rede de lojas, sistemas de venda, contratação de vendedores, construção de centros de distribuição etc. Ao reduzir a estrutura, fizemos com que os custos de validação fossem extremamente baixos. Arrisco a dizer que investimos dez vezes menos do que uma calçadista tradicional investiria só para colocar o produto no mercado.

A estreia

Os tênis chegaram ao mercado no Natal de 2017, amparados por uma campanha de marketing dirigida a formadores de opinião. Selecionamos 40 pessoas e oferecemos um megacupom de desconto para o produto. Para ajudar na arrancada, nós, os sócios, combinamos que o nosso presente de Natal para familiares, amigos, colegas seria um Yuool (lembro-me de que naquele ano havia 40 caixas de tênis embaixo de minha árvore de Natal). Medimos novamente a aceitação, anotamos as críticas, ajustamos mais um pouco o produto e a operação e voltamos ao mercado. Dessa vez, com um lote de mil pares.

O passo seguinte era eliminar os pontos de atrito, inevitáveis em qualquer projeto em construção. Lembra-se de que falei da possível objeção de compra pela composição do produto? A história de usar um calçado de lã no verão? Pois esse era um ponto de atrito. Fizemos, então, muita campanha digital para mostrar as propriedades térmicas da lã merino. Outra questão: a compra sem teste do tênis, já que toda a nossa operação é digital. Passamos, então, a utilizar os eventos da StartSe e feiras de exposição como showroom para que o consumidor pudesse tocá-lo, experimentá-lo. Estabelecemos um acordo com a StartSe: a empresa teria uma participação na Yuool em troca dessa visibilidade no portal e nos eventos. Esse tipo de parceria é importantíssimo na arrancada de qualquer produto que não tenha similar no mercado – estamos, afinal, apresentando uma novidade no Brasil. Para deixar o consumidor mais seguro, fizemos também uma campanha garantindo a devolução do dinheiro em caso de não adaptação ao formato ou ao tecido – salientando que, dificilmente, ele precisaria usar esse serviço. Ao fazer isso, a taxa de conversão de vendas aumentou. A gente sabia o que tinha em mãos. Ou nos pés, para ser mais exato.

Quando eu derrubo objeções, com campanhas dirigidas e inteligência digital, eu aumento a conversão. A pergunta é: quantas pessoas a Yuool consegue atrair para a boca do seu funil? Quantas delas interagem e quantas realmente compram? Ao acertar a fórmula e o fluxo, você realimenta o processo. O dinheiro que entra segue para as novas campanhas de marketing. Posso usar influenciadoras de moda para testar e indicar a Yuool, aumentar minha presença em corredores de lojas multimarcas e negociar estandes em aeroportos. Aliás, não há atalho melhor do que os aeroportos para distribuir o tênis nacionalmente. Que o diga O Boticário – seus perfumes ficaram conhecidos no Brasil graças à prática dos passageiros de passar no quiosque da marca no aeroporto Afonso Pena, em Curitiba, e sempre levar um presentinho na bagagem. No fundo, estou falando de escala. Da relação pura de CAC x LTV a serviço da economia real. A Yuool virou um grande laboratório para nosso método. E viralizou. Atingimos o breakeven operacional em quatro meses. Nossa ideia era vender 2 mil pares em um ano de atividade. Vendemos 7,3 mil. A empresa faturou R$ 2,5 milhões em seu primeiro aniversário. Esse extraordinário resultado fez com que a Yuool partisse para a "próxima fase" do jogo: o aumento da estrutura de marketing e vendas, a contratação de um especialista para conferir, diariamente, a qualidade do produto e a elevação progressiva dos níveis de produção. O MVP deu lugar, então, ao amadurecimento natural de um negócio em evolução. É a prova de que o nosso método de concepção de uma empresa funciona em qualquer meio.

Em novembro de 2018, a Yuool estreou na Europa. A porta de entrada, por razões óbvias, foi a Itália, mercado que o Stefano conhece desde sempre. Se tudo der certo, partiremos, então, para outros países do continente. Sempre assim, na estratégia War. Como diz o Pedro: "Eu não quero ser o Banco Original. Eu quero ser o Nubank dos tênis, ganhando um jogo de cada vez". Não tem jeito... a gente sempre pensa no mercado financeiro, até quando o assunto é sapato.

No fundo, o que estamos falando aqui é da frugalidade das operações. Uma frugalidade temperada com alta tecnologia, diga-se. Foi-se o tempo das grandes estruturas fabris, das complexas cadeias de venda para distribuir bens de consumo. Hoje em dia, não há (ou quase não há) intermediários. Muitas marcas nem sequer têm um site – talvez a Yuool nem precise de um no futuro. Tenho um exemplo em casa. Juliana, minha esposa, lançou recentemente uma marca de roupas femininas cujo showroom é o Instagram. O atendimento ao cliente é feito via WhatsApp. Foi inspirada em uma loja da Califórnia, que conhecemos em nossa jornada em Palo Alto. Juliana sustenta uma pequena área de criação, terceiriza a fabricação e renova a coleção a cada 20 dias, com uma série limitada de roupas. Olha que business maluco! E fascinante. É o florescimento de um capitalismo diferente, regado a alta tecnologia e voltado aos nichos de mercado. Basta saber enxergá-los. Ou ter amigos olheiros, como no caso da Yuool.

Lembra-se de que falei de nossa inspiração nas DNVBs, as Digitally Native Vertical Brands? Sim, as empresas que, na origem, já se lançam digitais e verticais. Foi assim que os especialistas batizaram o fenômeno (é impressionante a velocidade com que esse pessoal cria siglas e definições para os "bichos corporativos" que vão surgindo no rastro das novas tecnologias). Nos eventos da StartSe frequentemente nos deparamos com casos fascinantes de DNVBs. Um deles me chamou a atenção: o da Zissou, fabricante de colchões fundada pelos empresários Amit Eisler, Andreas Burmeister e Ilan Vasserman. Sim, eles vendem um produto secular, que, a princípio, teria pouca margem para grandes novidades. Só que Amit, Andres e Ilan partiram de um ponto de vista diferente: em vez de estudar a tradicional indústria de colchões – cheia de fabricantes fortes –, eles se debruçaram sobre o terceiro "pé" da chamada indústria do bem-estar, formada pela combinação de alimentação saudável, atividade física e sono. É como se explorassem um território virgem. E aí está a magia dos novos empreendedores: enxergar o ângulo que ninguém vê.

Os primeiros "pés" desse trinômio da saúde estão amplamente cobertos, basta ver a quantidade de marcas e empresas nos ramos de alimentação e de exercícios. Mas o ato de dormir até aqui vinha sendo negligenciado. Era preciso modernizar essa indústria, entender de fato o fenômeno que o mundo vem chamando de "revolução do sono" – aliás, há um livro interessantíssimo sobre o tema, *Why We Sleep* (Scribner, 2017), de Matthew Walker, neurocientista e professor de Berkeley, uma das inspirações da Zissou. Pois bem. Os fundadores da empresa foram pesquisar o assunto. Primeiro, ouviram os consumidores para captar as principais queixas em relação à qualidade/preço dos produtos disponíveis no mercado. Queriam chegar a um modelo próximo daquilo que os brasileiros entendem como o colchão ideal em termos de conforto. Era preciso também criar um sistema de negócios ágil o suficiente para reduzir custos. A pesquisa os levou a uma fabricante de Chicago que, além de atender todos os anseios do consumidor brasileiro no que diz respeito à densidade e maciez, já trabalhava com o conceito de *bed in box* (literalmente: a "cama na caixa"). O colchão passa por um processo de compressão a vácuo. Fica com 1 metro de altura. E dessa forma pode ser embalado em uma caixa (a modalidade já responde por 10% do mercado americano, que movimenta US$ 15 bilhões ao ano).[36] A tecnologia reduz exponencialmente o custo de armazenagem e logística. Amit, um dos fundadores, me contou que a empresa tem apenas um centro de distribuição em Alphaville e um showroom na capital paulista, para as pessoas testarem o produto. E o showroom também serve de estoque. A distribuição, em São Paulo, por enquanto é feita por táxi ou aplicativo de transporte. Perguntei quantos funcionários tem a empresa. São 7 fixos e 10 terceirizados.

Em tempo: além de vender colchões, a Zissou tem uma linha de travesseiros e se prepara para dar outros saltos na indústria

---

36 ZISSOU. "Empreendedores do sono: na Zissou, um negócio bom de cama". Disponível em: <https://zissou.com.br/blogs/midia/empreendedores-do-sono-na-zissou-um-negocio-bom-de-cama>. Acesso em: 19 jun. 2019.

do sono. Quem sabe desenvolver um aplicativo, combinado com algum gadget, para dar dicas sobre a luminosidade do quarto, a temperatura ideal, a acústica...

Lembra-se da história da ineficiência alheia? É aí que as DNVBs também atacam.

E o que você vai atacar?

Dedicamos um capítulo para a história da Yuool porque esse projeto tem uma importância bastante significativa, pois nos permite explorar mercados além daqueles com os quais já estávamos acostumados a lidar. Testamos, aplicamos nossa hipótese e percebemos que as fronteiras entre o mercado digital e a economia real não eram limites, mas oportunidades para as novas rotas. É sair do mapa já explorado para encontrar alternativas que, mesmo em um primeiro momento tão diferentes do *core* de nossas principais frentes, são capazes de gerar novos pontos de convergência.

Acreditamos que tudo o que apresentamos a você sobre nossa visão para os negócios é fundamental para prosperarem na nova economia. E, para que isso dê certo, o verdadeiro papel do líder deve ser criar as condições para que as pessoas deem o seu melhor, a empresa cresça e os projetos e as inovações aconteçam.

O principal, como falamos à exaustão aqui, é clareza e alinhamento de interesses. Com isso, você entende que o cenário dado não é permanente, ele é um estágio e sempre pode ser melhor. Então, não tenha medo de começar, não fique escravo daquilo que já foi criado e abrace a mudança, pois ela virá. Sempre. A sua parte nesse cenário é apenas decidir: estará na linha de frente ou esperará ser engolido por ela?

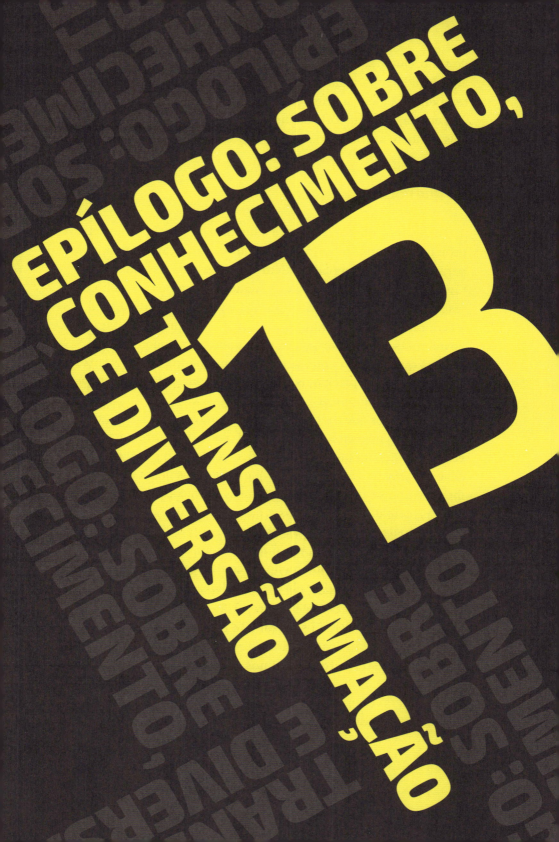

PEDRO ENGLERT

"**A** tecnologia nos torna mais humanos. Faz com que a gente se concentre naquilo que realmente importa, que é pensar e criar." Gosto muito dessas duas frases, ditas por meu amigo Cristiano Kruel (já falei dele aqui) durante uma conversa informal que tivemos em nosso escritório de São Paulo. Guardei o ensinamento com carinho, pois entendo que é a síntese do empreendedorismo moderno. Ao fornecer as ferramentas corretas, otimizamos o tempo e o trabalho das pessoas e extraímos o melhor de cada uma, que é justamente pensar e criar. O cérebro passa a ser o grande ativo da companhia. Orgulho-me, particularmente, de liderar um negócio cujo propósito é perpetuar esse conhecimento, promover a educação contínua, contribuir para o crescimento do ecossistema empreendedor e cujos processos internos priorizam valores como autonomia, liberdade, espírito de equipe e o desejo de colaborar com algo que faça sentido para a sociedade em que vivemos. Lucro é consequência, como já dissemos. Se somarmos conhecimento, valores e tecnologia, ele virá. O legado que queremos deixar não está no balanço contábil. Mas, sim, na nossa capacidade de construir. E instruir.

O único investimento que vai nos proteger a longo prazo é o conhecimento. É a habilidade contínua de buscar o novo que possibilitará ao empreendedor criar valor em um negócio – e capturar parte desse valor. Faça-se a seguinte pergunta: "Eu sou capaz de contribuir nesse projeto, nessa empresa, com a minha inteligência e as minhas habilidades?". Enquanto houver essa condição, ok, você está no jogo. Mas é preciso fazer a manutenção constante, evoluir sempre. Nessa dinâmica da nova economia, piscar o olho é perder anos de aprendizado. Porque a mesma tecnologia que empodera também exclui aqueles que não se reciclam – o lado triste das evoluções, como a história já mostrou diversas vezes. Eu invisto em várias empresas ao mesmo tempo não só pelo potencial de geração de riqueza mas também porque eu quero absorver aquilo que elas fazem. Eu aprendo algo cada vez que entro na Warren, na Yuool, no FitBank, na Monkey ou na Vortx. Vou para o Vale e para a China pelo mesmo motivo, mas tenho de ir também à Finlândia, a Israel, à Coreia do Sul, visitar outros polos de tecnologia, conversar com empreendedores, interagir com empresas inovadoras. O aprendizado vai além das salas de aula, dos cursos on-line, dos textos acadêmicos – como diz o Mauricio Benvenutti, "o conhecimento não é mais reserva de mercado". A combinação de todas essas fontes, práticas e teóricas, gera uma nova mentalidade, aumenta a autoconfiança e apura a criatividade. Quanto maior o repertório, maiores serão as chances de elaborar conexões que vão impactar diretamente o seu negócio.

Quando vejo o time da StartSe preocupado com o desenvolvimento constante, eu tenho a certeza de que acertamos no recrutamento, de que ali tem um ponto de conexão, de alinhamento entre nós. Ter um time com essa mentalidade é uma grande vantagem: me dá a certeza de que estamos no caminho correto. Se hoje existem assessores financeiros para ajudar as pessoas a cuidar de seu patrimônio, amanhã podemos ter o assessor de desenvolvimento, aquele que vai apontar o caminho para a evolução e ajudá-lo a renovar o principal ativo do mundo moderno: a sua cabeça. A StartSe quer cumprir esse papel, quando alguém for perguntado sobre como você se desenvolve, o nosso sonho é que a resposta seja: "Com a StartSe". Temos ferramentas e meios para isso: um banco de dados com infor-

> **Ao fornecer as ferramentas corretas, otimizamos o tempo e o trabalho das pessoas e extraímos o melhor de cada uma. O cérebro passa a ser o grande ativo da companhia.**

mações sobre milhares de startups e o acesso aos grandes centros de tecnologia e às melhores cabeças do mundo.

Acreditamos que a indústria de educação é das poucas que ainda não foi "disruptada" em seu modelo de negócios. Mesmo adotando novas tecnologias, ela segue como foi, baseada em um modelo hierárquico, no qual o poder, a autoridade e o conhecimento estão dentro da instituição, com ofertas massificadas e com um longo ciclo que abrange entender quais são as práticas vencedoras, teorizá-las, colocar em seus programa, capacitar os professores e vai até o momento de distribuir o conteúdo ao aluno. O resultado disso é estarmos formando milhares de alunos todos os anos preparados para trabalhar em um mercado que já não existe. Quais são as instituições tradicionais que estão ensinando sobre inteligência artificial, blockchain, sobre as novas técnicas de aquisição digital, objectives and key results (OKR) etc.? Não é à toa que as empresas estão abrindo mão cada vez mais de avaliar diplomas no momento da contratação, pois eles não atestam mais que aquele aluno está preparado para o mercado. Escolas de negócio perdem alunos de MBA ano a ano no Brasil e também fora do país. As instituições de ensino que irão ganhar relevância são aquelas que respeitam a nova estrutura social: o poder está na rede e nas conexões. Entretanto, o conteúdo não está nela, mas é sim curado por ela e, por isso, as ofertas deverão ser personalizadas, pois cada um possui uma trilha diferente, com objetivos e necessidades diferentes. Por fim, a entrega do conteúdo deverá ser frequente, curta e diversa. Entendemos que a StartSe está preparada para esse novo modelo de negócios na educação e estamos nos principais centros de inovação do mundo, conectados com as melhores mentes e acompanhando a evolução do mundo no que tange às tecnologias, modelos de negócio e novas forma de gestão. Temos 13 mil startups em nossa base no Brasil por meio do time de inteligência do Vale e mapeamos os focos de inovação em todo o mundo. Além disso, estamos próximos das empresas que obteram sucesso em suas transformações digitais. Nos "implodimos" o time entre o momento de entender as práticas vencedoras até o momento de distribuí-las, ou seja, quando as pessoas consomem os nossos produtos. Em conferências, workshops corporativos, conexões com startups ou imersões internacionais, o nosso conteúdo é muito atual, já que faz parte das práticas do dia a dia dos negócios de sucesso. A nossa intenção é também continuar ampliando os canais de distribuição de produtos em nossa plataforma ou de parceiros – modelo inspirado nos escritórios independentes que servem à XP, os grandes responsáveis pela expansão nacional da corretora. O principal objetivo, com todas essas iniciativas, é "transformar 1 milhão de vidas" no mínimo – estou falando de nosso ecossistema empreendedor (os clientes), sim, mas também das centenas de jovens que participam dos programas sociais de educação da StartSe, feitos em parceria com a Junior Achievement. Nosso propósito é (e sempre foi) provocar "novos começos", mudando a mentalidade e as perspectivas de muita gente. Afinal, o que é o empreendedorismo da era digital senão uma sequência de começos? É preciso estar preparado para todos eles.

Começar de novo (e sem tabus)

Na primeira leva de startups, lá pelo início dos anos 1990, o que se via com frequência era uma combinação de muita rebeldia, algum dinheiro e pouco conhecimento. Várias boas ideias morreram por pura falta de experiência de seus fundadores. Nos anos seguintes, o segmento foi, aos poucos, estruturando-se. Já não era mais visto como a aventura de alguns prodígios, mas sim como uma promessa de evolução a ser observada com lupa pelos especialistas em negócios e gestão. O capital aumentou e o conhecimento também. A rebeldia de sempre estava preservada. Hoje, vivemos o que eu chamo de terceira onda de startups. O dinheiro disponível é bem maior, a rebeldia intrínseca deu as mãos à rebeldia com método, e o conhecimento – sobretudo ele – cresceu exponencialmente. Isso tem a ver com a evolução tecnológica e o acesso à informação, com o conceito de *lifelong learning* mas também com uma mudança significativa no perfil dos empreendedores. A média de idade de um fundador de startup nos Estados Unidos atualmente é de 42 anos, segundo dados do National Bureau of Economic Research.[37] Levando-se em conta as startups que mais crescem, esse índice sobe para 45 anos. No biênio 2014-2016, a média era de 30 anos (e pensar que Mark Zuckerberg tinha 22 quando montou o Facebook e que Daniel Ek criou o Spotify aos 23 anos).

---

37 AZOULAY, P. et al. Age and high-growth entrepreneurship. National bureau of economic research, Estados Unidos, Cambridge, abr. 2018. Disponível em: <https://www.nber.org/papers/w24489.pdf>. Acesso em: 19 jun. 2019.
ÉPOCA NEGÓCIOS. "Fundadores de startups de alto crescimento não são jovens nerds, aponta estudo". Disponível em: <https://epocanegocios.globo.com/Empresa/noticia/2018/04/fundadores-de-startups-de-alto-crescimento-nao-sao-jovens-nerds-aponta-estudo.html>. Acesso em: 16 jun. 2019.

O que estou dizendo é que não há mais tabus para empreender. Vivemos em uma era em que o conhecimento abraçou o capital e a rebeldia, independentemente da idade. É a combinação perfeita, como já mencionei em capítulos anteriores. Essa geração de empreendedores maduros está chegando com força, misturando-se à garotada e mudando o panorama do mercado. No Brasil, o mesmo movimento vem ganhando corpo. Cresce a quantidade de executivos de empresas tradicionais que deixam seus postos para montar a própria empresa. Eles têm quilometragem, conhecem os atalhos, entendem da regulação, sabem lidar com consumidores. E o mais importante: estão sedentos pelo mundo digital. Aquilo representa uma virada de vida que lhes parecia improvável até bem pouco tempo atrás (o recomeço). Some-se a isso a redução de custos para criar um negócio, em virtude do avanço da tecnologia, e o cenário está montado. A porta para empreender nunca esteve tão escancarada como agora.

A gente capta essa tendência nas conferências da StartSe. Boa parte do público é formada por executivos com anos de estrada no currículo. Conversamos com muitos deles e, em maior ou menor grau, há sempre uma angústia com o trabalho atual. Os motivos são os mais variados: um projeto que ele idealizou e foi esquecido na gaveta do chefe, a promoção que não sai por causa da burocracia e da politicagem, a falta de liberdade para criar... Vem aquela sensação de frustração: "Pô, eu poderia fazer diferente, eu tenho condições de tocar algo maior". Não são poucos os que nos reencontram nas conferências seguintes e contam que estão montando o próprio negócio. Que absorveram o nosso conteúdo, pesquisaram o nosso método de gestão, acompanharam nossas aulas, emularam as melhores práticas da StartSe e de outras empresas que admiram na economia digital. Ótimo, sensacional. Mas será que colocaram na cartilha um detalhe importantíssimo: a necessidade de mudar o chip, de pensar com a cabeça de dono? Estão prontos para serem líderes sem a mesma estrutura da empresa anterior? É um ponto sensível nessa fase de transição de carreira.

Eu tenho um amigo que toca uma divisão grande de uma empresa de cartão de crédito. Ele é fera em finanças. Não vê a hora de jogar a toalha corporativa e virar empreendedor. Só que ele tem um bom salário, benefícios, filho pequeno... Nunca é fácil tomar a decisão de trocar a estabilidade por uma hipótese. Ainda assim, nos fins de semana, a vida dele é desenhar a desejada empresa. Ele me contou que existe até um potencial sócio para o negócio. Em seguida, cometeu o erro clássico dos candidatos a empreendedores. Disse: "Não vejo a hora de ser dono de minha agenda, ganhar alguma grana e ter uma vida mais tranquila". Opa! Vida mais tranquila? Mandei a situação real: "Sabe o que vai acontecer? Tu vais pedir demissão, deixar para trás um monte de benefícios, alugar uma salinha em um coworking, mobiliar com austeridade, providenciar pessoalmente a estrutura digital, não terá assistente, copeiro, você mesmo vai pegar o cafezinho, vai retirar o lixo da sua estação, vai trabalhar até mais tarde e queimar algum dinheiro até 'ganhar alguma grana'". E concluí: "Mas quer saber, você vai se apaixonar por essa independência, essa liberdade de pensar, criar e executar".

Porque as pessoas geralmente estão em uma batida chata, daquele dia a dia de uma empresa tradicional. A rotina mata a criatividade, represa a sede de conhecimento. Quando você se dá conta, já estacionou. Um novo projeto ou um novo negócio tem o poder mágico de nos reerguer. Falo isso por experiência própria. Ao sair da XP – já mencionei isso – cheguei a duvidar de minhas capacidades. Até surgir o primeiro projeto, a StartSe. Então, você renasce. Vem o propósito, vem a vontade de fazer. E o trabalho fica mais divertido. Na StartSe a gente se diverte bastante, curte cada conquista. Os meus pares são aqueles com quem eu gosto de conviver, na empresa, nos fins de semana, nas celebrações, no compartilhamento de sonhos e de pizzas também. Esse é o espírito de uma startup.

Certa vez, o pai de um colega do meu filho na escola, ao saber quem eu era e o que fazia, veio conversar comigo e contou que frequentava os eventos da StartSe. Disse que era contador, que o pai era contador e o avô idem. E que a vida deles sempre foi muito quadradinha. "Fui moldado assim, em um mundo sem surpresas", confidenciou. Pois o camarada passou a frequentar as nossas conferências, comprou até um par de Yuool, começou a se arriscar em alguns negócios e confessou estar feliz da vida com a mudança de postura. Foi sensacional ouvir aquilo e depoimentos como esse estão sendo cada vez mais frequentes. Se o que eu faço, o que nós fazemos, tem essa capacidade de instruir, de levar conhecimento e causar uma transformação na vida de alguém, então o objetivo foi alcançado.

A mensagem que a gente quer passar é que a vida de empreendedor pode ser muito boa. Difícil e trabalhosa, sim, mas extremamente dinâmica e inspiradora.

No começo deste livro, eu falei sobre a minha interação com meu filho, Antonio. Da prazerosa sensação que tive (e pretendo conservar) ao me concentrar inteiramente, ainda que por alguns minutos, na brincadeira com o guri – um dia depois de deixar a XP, mesmo com o baque da notícia e a incerteza dos dias que viriam pela frente. O cérebro se aquietou, focou no que realmente importava, no simbolismo que aquele momento representava: o futuro na figura de meu filho. Veio a preocupação. Que ensinamentos eu deixaria para ele? Para qual mundo eu deveria prepará-lo? O Vale do Silício deu a primeira resposta: **busque sempre o conhecimento.** Surgiu a StartSe. Depois, apareceu a segunda lição: **esteja na companhia de bons amigos.** Vieram outros sócios: **fique ao lado de quem é capaz de sonhar junto, de somar, de perpetuar.** Apareceram outros projetos. **Existe sempre algo melhor a ser feito, encontre o caminho.** Veio, então, o maior ensinamento: **reinvente-se sempre, mas sem perder a essência, os valores.**

No fundo, todos nós compartilhamos o desejo de deixar um legado e, se algo está por trás dos aprendizados que Glitz, Marcelo e eu tivemos juntos, da XP à Yuool, é a generosidade como pedra fundamental. Generosidade para entender que o time é mais forte unido. Generosidade porque visão compartilhada permite que se crie uma relação de transparência e confiança.

Generosidade porque quanto mais disponíveis para crescer e aprender e quão mais próspera for a nossa mentalidade, melhores serão os resultados que construiremos. E, principalmente, jamais perder de vista que a jornada que trilhamos como pessoas e empreendedores se baseia em construir uma história que faça sentido para nossos sonhos individuais e o impacto que queremos gerar no mundo.

    O mundo dos negócios mimetiza a vida. Impossível dissociá-los. Portanto, que levemos apenas o nosso melhor para dentro do escritório.

UM PRESENTE

DA STARTSE PARA VOCÊ

Ficamos felizes por você ter chegado até aqui. Nas últimas páginas compartilhamos os nossos melhores aprendizados e que acreditamos serem capazes de efetivamente transformar a sua empresa. Mas este foi apenas o primeiro passo. Agora é hora de colocar tudo em prática!

Para auxiliá-lo nessa execução, preparamos um bônus exclusivo para os leitores de *Empreendedores*:

Você terá acesso ao treinamento on-line MOTOR DO CRESCIMENTO com 50% de desconto. Neste curso, você verá boa parte dos conteúdos que tratamos aqui no livro, mas desenvolvidos em novo formato e com a possibilidade de estarmos ainda mais próximos. Esperamos que possa contribuir para o aprofundamento do modelo de gestão que lhe propusemos.

O que você aprenderá:

- Como criar um time autogerenciável e que não depende de hierarquia para produzir bons resultados;
- Como definir metas claras e objetivas que possuem um forte alinhamento com o propósito do seu negócio;
- Como criar um ambiente de transparência e livre acesso a dados;
- Como definir e tomar riscos estimulando o teste e a validação contínua de novas ideias;
- Como estruturar um modelo de participação nos resultados e partnership.

Para utilizar o seu desconto, basta acessar:

cursos.startse.com.br/motor-crescimento/empreendedores
Colocar o cupom: MOTOR50OFF

COMECE A TRANSFORMAÇÃO DO SEU NEGÓCIO!

REFERÊNCIAS BIBLIOGRÁFICAS

BENVENUTTI, Mauricio. *Audaz:* as cinco competências para construir carreiras e negócios inabaláveis nos dias de hoje. São Paulo: Gente, 2017.

BRENOT, Philippe. *La Génie et la follie*. Paris: Odile Jacob, 2011.

COLLINS, James. *Feitas para durar*. Rio de Janeiro: Rocco, 2007.

DIAMANDIS, Peter H.; KOTLER, Steven. *Bold: oportunidades exponenciais*: um manual prático para transformar os maiores problemas do mundo nas maiores oportunidades de negócio e causar impacto positivo na vida de bilhões. Rio de Janeiro: Alta Books, 2018.

GROVE, Andrew S. *High Output Management*. 2 ed. Nova York: Vintage Books, 1995.

HEMINGWAY, Ernest. *O sol também se levanta*. Rio de Janeiro: Bertrand Brasil, 2014.

KADOR, John. *Charles Schwab:* How One Company Beat Wall Street and Reinvented the Brokerage Industry. Hoboken: Wiley, 2005.

KING, Stephen. *Sobre a escrita*. São Paulo: Suma, 2015.

MALONE, Michael S.; ISMAIL, Salim; GEEST, Yuri Van. *Organizações exponenciais:* por que elas são dez vezes melhores, mais rápidas e mais baratas que a sua (e o que fazer a respeito). São Paulo: Alta Books, 2014.

SCHWAB, Klaus. *A quarta revolução industrial.* São Paulo: Edipro, 2016.

TETLOCK, Philip E.; GARDNER, Dan. *Superforecasting*: The Art and Science of Prediction. Nova York: Broadway Books, 2016.

CARO LEITOR,

Queremos saber sua opinião sobre nossos livros.
Após a leitura, curta-nos no facebook/editoragentebr,
siga-nos no Twitter @EditoraGente e
no Instagram @editoragente e visite-nos no
site www.editoragente.com.br.
Cadastre-se e contribua com sugestões, críticas ou elogios.

Boa leitura!

Este livro foi impresso pela Geográfica
em papel pólen soft 80 g em agosto de 2019.